ロールトレーニング・
マニュアル
のびやかに生きる

マックス・クレイトン 著
中込ひろみ／松本 功 訳

Enhancing
Life & Relationships
A Role Training Manual

二瓶社

Enhancing Life & Relationships: A Role Training Manual
Book 2 in a series of training books
by G. M. Clayton
Copyright © 1992 by G. M. Clayton
Japanese translation rights arranged with CHRIS HOSKING
through Japan UNI Agency, Inc., Tokyo.

マックスの書の翻訳に寄せて

　今回、中込ひろみさんと松本功さんの手で、マックス・クレイトンの本が翻訳されることになった。長年日本を愛し、多くの弟子を育てて来た彼の本が翻訳され、教えを受けた人たちの目に触れるということはとても嬉しいことだし、大事なことだと思っている。マックスを愛し、尊敬してきたお２人の翻訳だけに、天国のマックスもあの誰にも愛される笑顔で喜んでいることだろう。

　私とマックスの出会いは、30年も前のことである。1981年にザーカ・モレノがわが国を訪れ、「モレノショック」を与えた。その時、ザーカに、私のサイコドラマを見てもらったのだが、ディレクターとしては、主役をやらないといけないと課題を与えられた。わが国では、自分が指導する立場に居るので、そのような場が持てない。丁度、翌年にメキシコで国際集団精神療法学会が開催されたので、そこで主役を体験する覚悟で出かけて行った。初めての国際学会で、誰のサイコドラマに出たらよいか分からない。ザーカに聞くと、マックス・クレイトンがいいと教えられた。これが彼との出会いであり、心に残る主役体験をすることができた（その時のことはいろいろなところに書いてあるので略す）。終ってから、マックスにお寿司を御馳走になったことを思い出す。

　その後、来日して、宇都宮でワークショップをしてもらい、家内とも親しくなって、家族全員と原宿で食事をしたことも思い出す。それ以来、長い付き合いで、家内が亡くなった時には墓参にも付き合ってくれた。横須賀の海を見ながら私の辛い気持ちを受け止めてもらったこともサイコドラマを超えた忘れがたい思い出である。

　彼のサイコドラマは、本当に自由で、とらわれがなく、そこに集まったグループにしたがって必要なドラマを作り出していく。誰にも出来そうでなかなかできない名人芸みたいなところもあった。私の退官後の人生についても、彼のサイコドラマでヒントを

見つけることができた。そのような訳だから、一昨年の鳥取での心理劇学会で、私の最終講義としてのソシオドラマの心理劇バージョンを紹介したときに、その場にマックスも参加していて、ドラマの中で御本人の役で参加してくれたのも不思議な感じで、奇跡が特別に用意されていたような感じがしたものである。

彼の訃報を聞いて、多くの日本のサイコドラマティストにとって、良き師がいなくなった不幸を残念に思っているが、マックスが多くの弟子の心の中に十分に内在化しているように思う。内在化されたマックスを助けるのが本書であろう。その意味からも本書の出版はマックスにとっても彼から指導を受けた人々にとっても、とても貴重なものだと言える。

私も、今の年齢からして、向こうの世界に行く時は間近い。その時、そこでモレノを紹介してくれるのがマックスだと思っている。向こうの世界へ行く楽しみが一つ増えたように思っている。

2013年6月

日本心理劇学会前理事長
増野　肇

序　文

　私は、会社や工場やその他多くの組織で教育や人事の仕事に携わっている人々が、これから本書の中で説明しようとしている理論とそのいろいろな技法を効果的に使っていることを長年にわたり見てきた。また、カウンセラーやサイコセラピスト、教育者、アドバイザー、そして経営者や管理者として働いている人々も、この本の中で説明しようとしているアイデアをよく用いている。仕事以外でもたくさんの人々がロールトレーニングから得た直接の成果として、人間関係の中での自分の振る舞い方をもっとはっきり分析できるようになった。また、家族との関係や社会生活における関係性をより良くするために、新しい目標を見つけることができるようになり、そして、それらの目標を実行できるようになっている。私は、読者の皆さんがどんな職業についていても、またどんな境遇にあっても、本書から大いに得るものがあると信じている。この冒頭では、私自身のことについて簡潔に述べておこう。それに続く各章では、ロールトレーニングの実践に詳しく焦点を当てる。その目的とするところは、皆さんの能力を高め、皆さんがワークする人々が、もっと効果的に振る舞えるようになる考えを創造することである。皆さんがこの本をしばらく読んだり勉強したりした後で手を休めるたびに、もっとリラックスして読めるようになっていることに気づくだけでなく、毎日の生活の中で効果的に振る舞っている自分

の姿が見えるようになってくるだろう。

　この序文のねらいは、皆さんが著者である私と出会い、そして、このトレーニングのメソッドを紹介するに至った動機や、いつ、どこで、どのように、私がこのメソッドを発展させ、ロールトレーナーとしてどんな経験を積んできたかということを理解してもらうことである。

　ロールトレーニングに参加した後で満足な振る舞い方ができるようになった人々を見て、私は何度も満足感を味わってきた。それが私の動機となっている。

　私は1960年代の後半にアメリカ合衆国でこのロールトレーニングの方法の開発と実践を始めた。その後、1971年から1983年の間に、ウェスタン・オーストラリアのパースでそれをさらに発展させた。そこで私が設立し監督していたコミュニティの保健サービスとトレーニングセンターであるウォズレイ・センターでは、ロールトレーニングがワークの重要な部分を占めるようになった。今私は、メルボルンを中心とするオーストラリアン・カレッジ・オブ・サイコドラマおよびオーストラリア・ニュージーランド・サイコドラマ協会に所属するトレーニング施設、そして他の機関が行うセミナーなどでそのメソッドを教えている。ロールトレーニングは、1967年から1973年までニューヨークのビーコンにあるモレノ研究所で、私がJ. L. モレノ博士とザーカ・モレノから最初に学んだことを応用したものである。広範な専門職の人々のトレーニングやコミュニティの人々とのワークのどちらにおいても、ロールトレーニングではロールとロールどうしの

序　文

関係の概念や自発性−創造性の概念が生き生きと有意義に用いられた。

　個人セッションとグループセッションで多くの人にロールトレーニングを用いた結果、ビジネスや組織の仕事仲間とのコミュニケーション、葛藤の解決、甦る友情、満足できる親密な関係、親子の幸福などのために、効果的な方法が生み出されてきたことをこの目で見てきた。著述家、講演者、会議の議長、音楽家、スーパーバイザー、スタッフのトレーナー、校長、クラスの先生、政治家、カウンセラー、サイコセラピスト、看護師、また病院長などとして、その能力をより伸ばすことに関連する非常に広い活動領域に焦点が当てられてきた。

　ロールトレーニングの方法は長い年月にわたってさらに洗練され、今ではそのワークの多くがずっと短い時間で行われている。短時間のセッションに参加するだけで、仕事や個人的な生活の能力や満足度が向上するという実用的な構想は、多くの人々にとってとても魅力的な考えである。ロールトレーニング・セッションに参加したからといって、不名誉となることは何もない。

　本書を読むことによって、ロールトレーニングのワークの精神をつかむことができ、またロールトレーニングに関連する理論や技法の多くを知ることができるだろう。

　私は、トレーニー[1]たち、とくに1991年の初期にオースト

訳註[1]　トレーニー trainee：サイコドラマの実践家になろうとして、指導やコーチを受ける人。指導やコーチをする人をトレーナー trainer と言う。

ラリアン・カレッジ・オブ・サイコドラマで共にワークした小グループのトレーニーたちの何年にもわたる貢献に感謝したい。このトレーニーたちは本書のために材料を提供してくれ、私の考えを刺激してくれた。また、私はこの小さな本の準備を大いに援助してくれたこのカレッジの管理者であるナタリー・パークの尽力にも感謝の意を表したい。

まえがき

　本書は、教育、トレーニング、組織開発、カウンセリング、サイコセラピー、健康管理、個人サービスなどの分野で働いている人たちに関連性のあるものである。全体的に、本書は生活場面での効果的な振る舞い方を開発するワークに従事する人に向けて書かれている。したがって、提示された理論的で実践的な内容は、広範囲な職種の人々に役立つだろう。

　本書では最初に、ロールトレーニングとは何か、その構造の概略を述べる。

　次に、実際のロールトレーニング・セッションを詳細に示し、読者が理論と実践を統合できるように、セッションのさまざまな面を論じる。

　最後に、ロールセオリーとロール分析、個人に対するロールトレーニング・セッションのためのグループの準備、さまざまな用語の使い方、およびセッションのウォームアップ段階に焦点を当てる。そして、ロールトレーニングに関連する他の技法をいくつか論じる。

目　次

マックスの書の翻訳に寄せて ………………………………………… ⅲ
序　文 …………………………………………………………………… ⅴ
まえがき ………………………………………………………………… ⅸ

第 1 章　ロールトレーニング：目的と構造

ロールトレーニングの定義 …………………………………………… 3
ロールトレーニング・セッションの 8 つの要素 …………………… 5
　ロールトレーニングはグループで行う／ウォームアップの段階
／出来事の最初の上演／ロールのアセスメント／ロールトレー
ニングのプログラムの計画／再演すること、そしていろいろな
技法を適用すること／ロールテスト／グループ内への再統合／
柔軟性が求められる構造

第 2 章　ロールトレーニングのドラマ化と探索の段階

インタビュー、上演、アセスメント、そして計画立て ……… 14
セッションの逐語による描写：インタビューの開始 ………… 14
ロールトレーニングのインタビューの原理 ………………… 18
　思慮深く親身なイニシエーターとしてのロールトレーニングの
ディレクター／座り方／座り方のメリット／ロールトレーニン
グのディレクターはセッションの焦点を展開する／意識の中に
持続させるロールトレーニングの原理／遊び心と感情の要素／
協力的なパートナーシップ
セッションの描写の続き：アセスメントの段階に入る ……… 28
アセスメントの段階 ………………………………………………… 31
観客の参加 …………………………………………………………… 32
ロールセオリストとしてのロールトレーナー ………………… 33
セッションの描写の続き：計画立ての段階に入る …………… 35

セッションの計画立ての段階 ………………………………… 38
　ワークする範囲の限定／出来事の流れ

第 3 章　ロールトレーニングでの新しい認知

セッションの描写の続き：ミラーを使う ………………………… 42
再　　　演 ………………………………………………………… 45
ロールトレーニングの介入 ……………………………………… 46
　ミラー
ミラーの実施とその価値 ………………………………………… 49
セッションの描写の続き：ミラーの後の再演 ………………… 53
ミラーの後の再演 ………………………………………………… 54
ミラーの後の再演のタイミング ………………………………… 54
ミラーの後の再演のアセスメント ……………………………… 55
アセスメントに基づいた介入 …………………………………… 57
セッションの描写の続き：さらにミラー ……………………… 58
主役の振る舞い方の強化 ………………………………………… 60
　指導者としての主役／指導者としてのロールトレーニングのディレクター
セッションの描写の続き：主役は自分と相互作用をする … 66
主役の自己との関係を強化する ………………………………… 68

第 4 章　ロールトレーニングにおける解決と統合

セッションの描写の続き：葛藤の解決 ………………………… 72
セッションを終える ……………………………………………… 77
ロールトレーニング・セッションを終結するための追加のワーク 80
セッションの描写の続き：相反する価値の具象化 …………… 80
否定的なことに打ちかつこと …………………………………… 89
セッションの描写の続き：グループの再統合 ………………… 90
グループと外の世界を再結合すること ………………………… 95
主役とグループの将来への方向づけ …………………………… 96

第 5 章　ロールセオリー、ロールのアセスメント
　　　　　およびウォームアップ

ロールセオリーとロールのアセスメント …………………………… 100
ロールを分類する …………………………………………………… 104
　ロールの図表を作る
前向きな振る舞い方を強調する……………………………………… 106
セッションの始めもしくはウォームアップの段階………………… 110
　第1に、セッションの最初か早い時期にそのセッションの性質
　と目的を明確にすること／第2に、セッションとグループメン
　バーとの関連性を構築しなければならない／第3に、学びを促
　す雰囲気を作る／第4に、皆に課題を与え、しかるべきやり取
　りを起こし、教育とコーチングを通して皆の焦点をより鮮明に
　する／第5に、評価基準を設ける必要がある／第6に、ロール
　トレーニング・セッションに適した人生の側面にウォームアッ
　プしている人々を見つけ、その人々にグループをウォームアッ
　プさせること

第 6 章　場面設定と技法の使用

場面の演出の記録 …………………………………………………… 135
　まとめのコメント
技法の使用 …………………………………………………………… 146
　わきぜりふ／独白／ダブル／モデリング／最大化
ロールトレーニングの普遍性………………………………………… 152

索　　引 ……………………………………………………………… 154
訳者あとがき ………………………………………………………… 159

装幀　森本　良成

第1章

ロールトレーニング：目的と構造

人はほとんど誰でも、いろいろな集団の中で他の人々と満足のいく関係を築きたいと思うと同時に、個人として適切な振る舞い方をしたいという願いを抱いているものである。人に感銘を与えるような振る舞い方は、それ相当なことを達成していない限り生じるものではない。そのための達成課題のひとつは、人間の生命の中にとてもダイナミックな力が存在し、いろいろなカルチャーやサブカルチャーの中で人々がそうした力を具体的な形を用いて示しているということを認識する力を発達させることである。

　人間関係においては２つの大きなダイナミックな力があり、それは不安定で移ろいやすい関係の中によく現れる。そのダイナミックな力のひとつは、十分に生きたい、目的と意味を体験したい、理想を生み出しその理想によって生きたい、そして愛したいという欲求である。行動を起こし、感じ、存在し、そして進みたいという内的な衝動として経験されるものは、十分に生きたいというこの欲求である。２つ目のダイナミックな力とは、安全でいたいという欲求である。変に思われたり、人と違って見えることへの恐れや、知らない人やものへの恐れ、古いものから抜け出すことへの恐れ、あるいは成長への恐れといったような、成長発達を促す起動力を抑えるような強い力は、皆とりもなおさずこの安全と安心の欲求である。私たちを刺激し、内部から前に押し出そうとする１つ目のダイナミックな力は、保守的であるがために成長の力に反発する２つ目のダイナミックな力とともに、私たちの内部で精神的にも、情緒的にも、そして身体的にも経験されて

いるものである。これらの力は、他の人々から励まされたりがっかりさせられたりする形で、私たちの外部でも経験されるものでもある。私たちの課題は、これらの力に直面したとき感情に流されずに冷静に思慮深く生きることである。言い換えるなら、今起きている事態を好き嫌いだけで判断しないようにするということである。

効果的な人間関係を生み出すためには、創造的な力を表現につなげ、健全な努力目標を実行できるように、ダイナミックな力のバランスを変える方法を発達させ活性化させる必要がある。ロールトレーニングは、私たちの内部や周囲にあるダイナミックな力の存在に気づかせ、アセスメントする力を増し、その結果、個々人の創造的な要素を前面にもたらすことを促進する。そのために、ロールトレーニングは、慎重に、思慮深く、よく注意して行う必要がある。以下に述べる描写と考察の目的は、ロールトレーニングの方法を理解し経験することで、皆さんが個人として、また専門職としての機能を高めるようにすることである。

ロールトレーニングの定義

ロールトレーニングという言葉の広い意味とその内容について簡単な説明から始めるのが一番いいだろう。

ロールトレーニングはロールセオリー[2]の原理を適用したも

訳註[2] ロールセオリー role theory：役割理論と訳されることもある。個人や集団を役割の観点から分析・記述・応用する方法。モレノが提唱

のであり、仕事や個人の人生の目標を十分に達成するために、特定の技法を使って人間のある限定された機能を発達させるものである。

ロールトレーニングは、まず第1に、人が改善したいと思っているある特定の機能を描写すること、あるいは、自分をもっと成長させたいと思っている状況の描写が1つもしくは複数必要となる。ロールトレーニングには、ある状況の上演、ロールのアセスメント、ロールトレーニングのプログラムの計画、特定の技法を用いてロールトレーニングを実行すること、ロールテストをすること、そして個人を再びグループと結びつけること、などが含まれている。

人間の活動領域はとても広く、人はさまざまな方法で振る舞っているため、どんなロールトレーニング・セッションにおいても、焦点を当てる範囲は数限りなくある。ロールトレーニング・セッションで焦点を当てるのは、普通、ただ1つのロールか、もしくはあるロールの1つの側面である。ロールの葛藤部分の解決に焦点を当てるセッションもあれば、ある人の人生の見方を広げることに焦点を当てるセッションもあるだろう。また、ある人の振る舞い方の中の行動的な要素に焦点を当てるセッションもあるかもしれないし、あるいは、

した役割理論は、単に社会的次元にとどまらず、生理的次元、心理的次元を含めた包括的なものである。マックス・クレイトンはさらにそれを発達的、力動的、実存的な観点から系統立て、実践し、ロールおよびロールどうしの関係のバランスを図る手がかりにしている。そして、新しいロールやロール関係をもとに、人が今を生き生きとのびやかに生きることに役立てている。

感じることや情緒的表現を発達させることに再度焦点を当てるセッションもあるかもしれない。誰の日々の振る舞い方を見ても、あらゆる瞬間においてそれは適切（adequate）か、ある面が発達しすぎている（over-developed）か、ある意味で未発達（under-developed）か、葛藤している（conflicted）か、あるいは人間的な機能の側面がまったく欠けている（absent）か、結局、それらのうちのどれかであるとみなすことができる。したがって、セッションの中には、適切な機能をもっと発達させることにもっぱら焦点を当てて行うものもあれば、発達しすぎた機能を抑えたり、未発達な機能をもっと高めたりすることを目的としたセッションもある。ロールトレーニングでは、その個人のパーソナリティ全体を再構築することが主な焦点ではないが、振る舞い方のひとつの側面を修正することが、その人の全体の機能に効果をもたらすということは自然に起きることである。

ロールトレーニング・セッションの8つの要素

◎ロールトレーニングはグループで行う

　第1に、ロールトレーニング・セッションは通常、グループで行う。グループで行わなくても、ロールとは常に人の集団内での振る舞い方を意味するものである。

◎ウォームアップの段階

　第2に、ロールトレーニングを行う際には、ある特定の

振る舞い方に焦点を当てるようにグループを動機づける必要がある。グループもロールトレーナーも、それまですでに語られた動機づけの動きや反応的な動き、また、メンバーが示しているグループカルチャーに終始気づいていなければならない。したがって、ほとんどのロールトレーニング・セッションで最初にするべきことは、グループ全体が興味を持っている人間的な関心事は何かということを発見する試みであり、それをグループのウォームアップの段階と呼ぶ。ワークのこの段階は、後でもっと詳しく検討することにしよう。[3]

◎出来事の最初の上演

セッションの第3の段階では、誰かひとり、もしくはグループが、その特定の関心事を演じることになる。通常、その上演には主役と、1人もしくは数人との関係が必然的に含まれる。主役が人生の中でしていることを、みんなが見て分かち合うことができ、主役とともに感じることができるように、的確な場面をプロデュースできるかどうかがロールトレーナーの技である。基本的には、その場面を上演する間は、その人がしていることをあえて変えるような介入は何も行わない。あらゆる異なった局面で何が起きているのかを十分に演じきるように促すだけである。そこには人生それ自体の描写以上のものがある。当人が言葉にしていないことが表現されていることもあるかもしれない。このようにして、相互作用のシ

訳註[3]　第5章参照。

第1章 ロールトレーニング：目的と構造

ステムの全体を眺め、理解することができる。

◎ロールのアセスメント

　第4番目として、通常、最初の場面の後でロールのアセスメントを行う。これは、ただ主役と一緒に座って、主役の振る舞い方について、ロールセオリーを用いながら主役とともに語り合うという形で行われる。この話し合いの中では、上演されたものの中で、その人のどの機能的側面が適切（adequate）であったのかをその人が理解するのを助けることに重きを置く。まず最初に何が適切であるかに焦点を当てることが最もよい。人は自分の振る舞い方の中で何が適切かに気づくようになることで自己評価が高まり、人生の他の問題も扱いやすくなる。だから、まずは健全なものに焦点を当てるのである。2番目にその人の振る舞い方の発達しすぎている（over-developed）側面に焦点を当てる。ここでもまた、振る舞い方の中に素晴らしく適切ではあるが幾分使いすぎている面もあることがわかると、その人の自己評価が高まることがよくある。もしそれがもう少し控え目に用いられれば、その人の人生はもっと生き生きとし、他の人々の興味をもっと引きつけるものになるだろう。3番目に、その人の振る舞い方の未発達な（under-developed）側面に焦点を当てる。そこにはさらに励ましや成長が必要であり、トレーニングもさらに必要になる。次に、その人の振る舞い方の葛藤している（conflicted）側面に焦点を当てる。そして最後に、その人の振る舞い方の中で、訓練や経験がないためにまったく欠

けている (absent) 側面に焦点を当てる。例えば、ある人が大工仕事をしたことがなければ、大工のロールはまったく欠けているということである。それは、その人に何か悪いところがあるという意味ではなく、ただその経験がないということを意味しているだけである。以上のような優先順位をたどっていくと、ワークは最もうまくいくだろう。なぜなら、誰にとっても、最も簡単にできることは、適切な振る舞い方を伸ばすことであり、発達しすぎたものや未発達のもの、葛藤しているもの、そして欠如しているものへと焦点を移すにしたがって、困難さは増すからである。

　ワークしている人をこのようなロールのアセスメントに参加させるのが最もよいだろう。初めはワークしている人に自己分析をしてもらうのがよい。そしてグループもロールの分析に参加させ、グループ全体で試みるのもよいだろう。ロールトレーニングのディレクターは、自分自身が理解したことを主役やグループと分かち合いながら関わってゆく。

　ロールのアセスメントをする際に心に留めておかなければならないことがある。それはロールやロールシステムは状況の中で発達するものであり、それゆえ、ロールはカルチャーやサブカルチャーと関連性があるということである。つまり、あるカルチャーの中では不適切かもしれないことが、別のカルチャーの中ではまったく適切であるかもしれない。したがって、その人が存在するシステム全体を理解するという観点からロールのアセスメントをする必要がある。誰かがしていることを個人的に好きになれず、その人がしていることに反

第1章　ロールトレーニング：目的と構造

対したくなることがあるかもしれないが、そういうことは決してしてはならないことである。ディレクターの見解や分かち合いは、その人が示しているカルチャーを正しく理解し、そのカルチャーとそのカルチャーの要求するものを敏感に受け止めた上で示されるべきである。ディレクターの人生では可能に思われることでも、主役が生きている社会的背景の中では、それは可能ではないかもしれない。実際、そんなことをしたら主役にとっては破壊的なことにさえなるかもしれないのである。

◎ロールトレーニングのプログラムの計画

　第5番目の段階は、ロールのアセスメントを基に進める。それは、ロールトレーニングのプログラムの計画を立てることである。プログラムの計画は、主役が訓練する長期的な目標と、当面の状況およびそれに関連する短期的な目標に基づいたものである。そのために、計画は一人ひとりまったく異なるものである。セッションに1回だけ参加してある特定のことについてのワークはできるが、それだけであとは何もしない人たちもいる。そのような人たちは、後日戻ってきて、別な能力をさらに高めるということもよくある。また、中には人生のより長期的な目標を前面に掲げ、何ヶ月も何年もわたって数多くのセッションに参加したいと思っている人たちもいる。多くの人は、4セッションか6セッション、もしくは8セッションの間にワークをうまくやり遂げ、逃げ出したり争ったりすることなく葛藤的状況に直面することを学ん

だり、他の関連する能力を伸ばしている。ある特定の能力を伸ばすために必要な時間を現実に即してアセスメントし、そのアセスメントを基にプログラムを作ることが助けになる。このようなアセスメントをするのに必要な知識は、経験を通して強化していくしかない。どんなロールトレーナーも、いろいろな時間枠の中で良い結果をもたらすワークを成功させることから学びの恩恵を受けるのである。多くの人がたった5分、20分、あるいは30分のワークで成果をあげている。ワークの価値は、セッション時間の長さで判断できるものでは決してない。

　適切なプログラムを作ることに主役やグループを巻き込み参加させることに勝るものはないということを、ここでも強調しておきたい。なぜなら、そうすることによってグループの一人ひとりが皆独自の貢献をすることができ、その結果、孤立する人がなくなり、実効力のあるグループカルチャーが発展するからである。

◎再演すること、そしていろいろな技法を適用すること

　第6番目として、本来のロールトレーニングのプログラムはアセスメントの段階の次に行われる。そこでは状況を再演し、もともとJ. L. モレノ博士によって開発されたいろいろな技法を可能な限り適用する。これらの技法に含まれるものは、場面設定、ロールへのインタビュー、やり取りの演出、アサイド（わきぜりふ）、ロールリバーサル（役割交換）、ミラーリング、モデリング、コーチング、コンクリタイゼーシ

ョン(具象化)、そしてマキシマイゼーション(最大化)である。ある人のロールトレーニング・セッションをこの次の章で取り上げる。その中で実際のセッションの構造が理解できるだろう。

◎ロールテスト
　第7番目として、主役とディレクターの両方が、そしてグループが、満足できる何らかの方法で上演できたときにロールトレーニングは終わり、その後に続くロールテストでは、新しい振る舞い方を試すために主役はいくつかの難しい状況に直面させられ、ストレスの下でも耐えられるように強化される。もし新しい振る舞い方を維持することができなければ、ロールトレーニングをさらに続け、トレーニングを重ねることで主役は自信と内面的な力をさらにつけていく。

◎グループ内への再統合
　第8番目として、グループの皆、あるいはかなりのメンバーが、主役のワークが彼らとどのようにつながっていたかを分かち合うことでセッションは終了する。後に取り上げる例の中で、このことの重要性を明らかにしよう。

◎柔軟性が求められる構造
　以上の8つの部分からなる構造は、どんなセッションでも応用することができ、正しく適用すれば好ましい結果をもたらすだろう。そうであっても、それを用いるには柔軟性が必

要である。というのは、どんなセッションでも、初めの段階では一人ひとりがお互いにやり取りをしながら振る舞っている。1人が言ったりしたりしていたことの一部分を、先に説明したセッションの第3番目の段階の「最初の上演」と同じものとみなしてもよいことがある。同じように、アセスメントの段階で新しい実際的な価値を持つロールを発展させる人もあり、それ以上演じることや何らかの技法を適用する必要がもはやなくなることもある。さらに、ロールテストはグループの中でやり取りしている間に現れることがよくあるので、主役のロールトレーニング・セッションの場面でロールテストを導入する必要がないこともある。時にはロールテストは人生そのものの中で直面するのが一番よいのである。

第2章

ロールトレーニングのドラマ化と探索の段階

インタビュー、上演、アセスメント、そして計画立て

　ここで取り上げているロールトレーニング・セッションの始め方と進め方の描写、および考察の目的は、ロールトレーニングの理論と実践を統合し、ロールトレーニング・セッションを準備して実践するときの指針を示すことである。

セッションの逐語による描写：インタビューの開始

ディレクター：	さあ、ではここへ来て私の隣に座ってください。
主役：	私はいつもやっていることをしています。いつも椅子をちょっとだけこするんです。
ディレクター：	では、あなたがグループの中で言っていたことやしていたことを、ちょっと振り返ってみたいと思います。私がひとつ思い出すのは、あなたは誰かに何か言い始めましたよね。
主役：	ジェーンにでしょう。
ディレクター：	ジョンではありませんでしたか？　いや、いや、あなたはジェーンに言ったんですよね。「あなたは自分の目標や決心について何か演じたいのかしら」ってね。
主役：	ええ。私は2人にそう言いました。
ディレクター：	そうですね、どちらにも言いましたね。そ

第2章 ロールトレーニングのドラマ化と探索

	の通りです。「……かしら?」と。それからもっと後で、セッションの中であなたが自分のワークを評価しているとき、自分の振る舞い方の中にぎこちないところがあって、どうしたらよいのかよくわからないと言いましたね。ということは、あなたは自分の中に「疑う人」というロールと「やる気のある人」というロールがありますよね。
主役:	はい。
ディレクター:	それからシェアリングのとき、あなたはジョンに聞きましたね。「あなたはどんなふうにやっているのかしら?」と。
主役:	そうですか。それは気がつきませんでした。
ディレクター:	それからまた、セッションの中で私にこう言いました。「ロールをリバース[4]していただけませんか?」と。
主役:	「していただけませんか」と言ったんですか?
ディレクター:	それからあなたは自信がないと言いましたよね。
主役:	はい。
ディレクター:	それで私が頭の中に書きとめておいたのは、あなたは知性が強すぎるか頭が働きすぎて

訳註[4] 役割交換(role reversal)のこと。主役が重要な他者にその役割を置くこと。他者の感情や感覚を理解することが必要なとき、自分について洞察が必要なとき、他者の目から見させるとき、などに使う技法。身体的にも位置を交換して、主役が語った同じ言葉を使うことが重要。

いて、そのために疑ったり引きこもったりしてしまうのではないかということです。だから感情の要素がもっと前面に出てくる必要があるのです。感情の要素はその人物への愛ゆえに出てくるものですが、おそらくもっと楽に自由に感情を表現する必要があるでしょうね。

主役： なるほど。

ディレクター： ですから、私たちは前にもそういうことに焦点を当てましたが、「あなたは自分の目標や決心について何か演じたいのかしら？」という表現にとくに注目したと思います。

さて、今このインタビューでしようと思っていることは、気楽におしゃべりしながら、あなた自身とあなたの振る舞い方に焦点を当ててみようということです。それで、たった今焦点を当てたことが、あなたにとってどの程度重要なのかを考えてみたいのです。まず初めに、そうですね、重要なのかどうかだけ教えてください。そして、もし重要ならばそれをもっと考えてみましょう。

主役： ああ、はい、重要です。そうです。それに、そういうことがいつも起こっているということがますますはっきりとしてきたからです。というより、そういうことがしょっちゅう起きています。例えば、グループに来て、ジルとの間でさえ同じようなため

らいが起こることがすでに何度もありました。そして、時にはそれはとてもストレスが溜まることなのです。というのは、私はその場で本来の自分を発揮していないみたいで、そのまま時が過ぎてしまいます。それで、私はこう考えるのです。そうだ、たぶんそれはしても大丈夫なことだったんだろう、と。でも、その考えが最初に頭に浮かんだ瞬間は、それを行動に移せないのです。

ディレクター： わかりました。だから、今夜、私たちはすでにドラマをしたと言ってもよいのですね。

主役： ええ。

ディレクター： そして、私たちみんなもすでにそこに関わっていましたね。ですから、また別なドラマから始める必要はありません。あなたがジルと一緒にグループの中で座っている間に、私たちはもうここでひとつドラマを済ませたのです。

主役： 私のとっさの反応は自問することでした。ジョンとジェーンは私と同じくらいそれに気づいていたのかしらと思い始めました。でも、それが重要かどうかわからなかったので、自問しているのです。

ディレクター： わかりました。いいでしょう。それではこれをドラマということにしましょう。いいですか。今あなたはジョンとジェーンはどうなんだろうかと思っているのですね。ある独特なやり方で動いたり、感じたり、人

> 　　　　　　　　　生にアプローチしたりしているとあなたが
> 　　　　　　　　　言ったように。
> **主役：**　　　　（笑う）
> **ディレクター：**（念を押して）これがドラマです。私たち
> 　　　　　　　　　はドラマをしたのです。
> **主役：**　　　　そうなんですね。

ロールトレーニングのインタビューの原理

　この節の目的は、上記に示したロールトレーナーと主役との間で行われたインタビューの中に含まれているいくつかの原理を取り上げることである。

◎思慮深く親身なイニシエーターとしての
　ロールトレーニングのディレクター

　インタビューがちょうど始まるときに、ディレクターはセッションの構造を作ることにかなりのイニシアティブを発揮する。ここに最初のチャレンジがある。ディレクターは、主役やグループにとって何が実際的な価値を持つのか、理解力のあることを言いながら彼らの関心事に焦点を当てている間でも、リラックスしたままでいられるだろうか？

◎座り方

　まず最初に座り方に配慮する。ディレクターはきびきびとはっきりした声で主役を自分の隣の椅子に座るように招く。

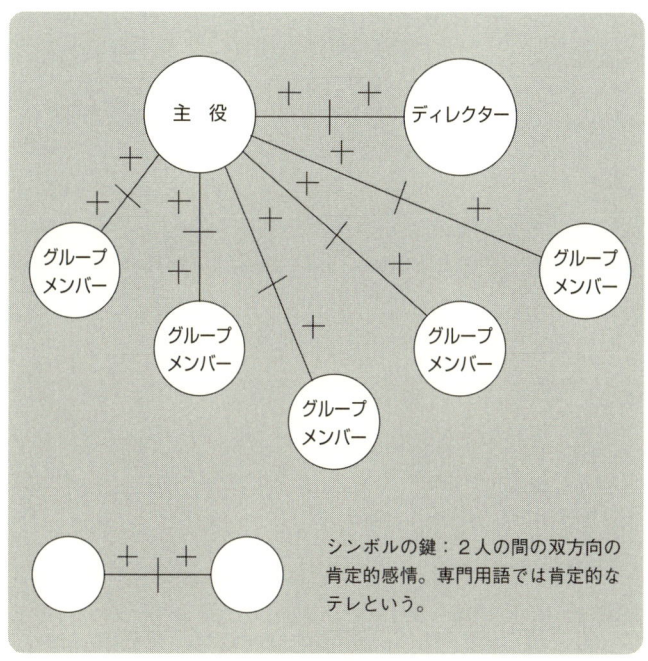

図1. 主役とディレクターおよび主役とグループメンバーとの間の双方向の肯定的感情を示すインタビュー段階のグループ

ディレクターと主役のための2つの椅子は、これからロールトレーニング・セッションが行われる場所の中央に置き、グループのメンバーと向き合うようにする（図1）。

◎座り方のメリット

　ディレクターが主役を特定の場所に座らせる単純な行為には、いくつかのメリットがある。まず第1に、主役はグルー

プの他のメンバーとは空間的に区別される。それによってこれから何か特別なことが始まろうとしていることをみんなが知ることになる。これはグループの中に好奇心をそそるものを生み出す。それは部屋の中に、もうすぐいっぱいに満たすための何もない空間を生み出したことになる。それがみんなの興味と期待をつのらせることになる。この何もない空間があるということが意味することは、主役やグループの自発性のレベルを高めるということである。直観が引き出される余地が生まれる。主役やグループの思考は通常の働きができなくなり、思考に支配されなくなる。むしろ感情の要素が目立ってくる。思考と結びついて統一された理知的な振る舞い方を生み出すような感情の要素が現れるだろう。先の例で、ディレクターは、アクションスペース[5]に座るように主役を招いた時点でとても深いものを感じていた。また、主役やグループに現れていることを感じることができていた。そして、感じることがディレクターの表現のベースになっていた。感情の要素を発達させること、そしてその感情からワークする能力は、多くのロールトレーナーの成長にとって最も重大なことである。

　準備されたその座り方の2つ目のメリットは、主役の言動にグループメンバーが集中しやすくなることである。その間グループは、ディレクターおよびディレクターと主役の間に展開する関係と触れ合っていることもできる。そこではいっ

訳注[5]　ドラマをする空間のこと。舞台とも言う。

第2章　ロールトレーニングのドラマ化と探索

そう関心が強まる。グループのそれぞれのメンバーも内面が統合され、全体としてのグループもより一体化する。このことがひいては主役のためになるのである。

　自発性理論の観点からすると、座り方をこのように準備する単純な行為が、グループの自発性のレベルを高め、これが同時に主役のより大きな自発性を引き出すのである。ひとたびこの生産的な交流のシステムが定着し、その中で一人ひとりの自発性が他の人々の自発性をさらに引き出すようになると、そのシステムを維持し、それを基に一歩一歩ことを進めていくのはそう難しいことではない。自発性のレベルが高ければ高いほど、不安のレベルは低くなる。パターンや固定観念が薄れ、消えていく。そして、より多くの考えが溢れだす。度重なる経験を通して、ディレクターは内面的にこのような自発性の持つ価値を理解するようになり、それを築き上げることに精神を集中させるようになる。その先でグループの動きの中に難題が生じたときには、いつでもそのような自発性が役に立つであろうということを確信するようになる。そうした確信によってディレクターは、次にどんな技法を使おうかと心配しながら計画を立てるというより、むしろ、いること、ただそこにいて感じることができるようになるのである。

　ディレクターが主役に対しそばに来て椅子に座るように言う、この単純な招きが、構造を提供するのである。構造を用意することによって、その状況は誰にとっても安全なものとなる。アクションがその状況に対して適切である場においては、そのアクションは自発的なものである。それはグループ

にとっての本当のニーズを満たす。それは誰もがあり方（being）に焦点を当てる助けになる。どのようなワークでも、このようなところから始めなければならない。その場にいるディレクターもどの人も、彼らのあり方（being）の中に何があるかを知り、それに基づいてワークするということを知っていることがきわめて重要なことである。だから、強調するのは「すること（doing）」ではなく、むしろ「存在すること（being）」である。そしてその後で「すること」を考える。この目的のためには、この考えを私たちの日々の振る舞い方の基本に置くようにするのがよいだろう。人との毎日のやり取りの中で、誰かに対してあなたがポジティブになっているとき、誰かに対してはネガティブになっているとき、そしてニュートラル（中立的）であるときなどを自覚することは可能である。それから、他の人々があなたや彼らの周りの人々に表しているポジティブな感情、ネガティブな感情、そしてニュートラルな立場などに、あなたはさらにもっと敏感になることも可能である。あなたが誰かとより近くなっていることに気がついているときには、そしてあなたがあなたの存在の中にあるものを受け入れているときには、即座に何かをしようと急ぎ慌てることはない。ただあなたの中にあることを穏やかに認めればよい。それは素晴らしいことである。ここで創り出した好ましい雰囲気とはそういったものである。このことがあなたの日々の振る舞い方の一部となるようにしよう。そうすれば当然、あなたがロールトレーニング・セッションをディレクトしている時には、そういうことがいつでも

第 2 章　ロールトレーニングのドラマ化と探索

あなたの機能の一部になるだろう。

◎ロールトレーニングのディレクターは
　セッションの焦点を展開する

　上記のセッションでは、ディレクターがその主役に重要な価値を置いていることを示している。ディレクターは、主役がそれまでにグループの中で言ったことやしたことを思い出し、ロールセオリーとロールトレーニングの観点からその振る舞い方の意味をよく考え、ロールトレーニング・セッションでやってみようと思う計画を組み立てている。ディレクターは主役に、彼女が関わっていたそれまでの出来事を思い出させ、そのことについて考えを分かち合い、彼女がまだそのことにウォームアップしているかどうかを彼女に確かめていることがわかる。そのようにしてディレクターは、自分自身をできるだけリアルな存在にしようとしている。ディレクターはもはや空白のスクリーンではない。彼は自分自身を生身の存在にしている。

　何かを始めるときにはまっ先に、あなたのリーダーシップのスタイルを認識することはとても価値のあることである。あなた自身の何かを開示しなければならないのはこの時点においてである。セッションに関連性のあるあなたの側面を見せるのである。たくさんのことにウォームアップさせるような手当たり次第なやり方で、あなたのことを何もかも開示するようなことは決してしないことである。あなたが見せるのは、この特定のワークに関連性のあるあなたの側面である。

それが安全性を生み出す。

このように、ディレクターの中にある種の意識を育てることが重要な要素である。そのような意識とは、ロールトレーニング・セッションの中のいろいろな要素の全てに常に気づいているということである。したがって、主役やグループやディレクター、あるいはどんな関係の中でも、何か起きることがあれば、それはロールトレーニングのメソッドの何らかの側面と関連があり得るということである。これは、何が起きているかに関係なく、ディレクターはグループをロールトレーニングに焦点づけしておくことができるということを意味している。事実上、どんなことでもロールトレーニングの何らかの局面に組み込むことができる。そのようにして、ディレクターは統合する力になることができるのである。

◎意識の中に持続させるロールトレーニングの原理

したがって、どんなディレクターも、また新進のディレクターも、どんな瞬間にも応じられるようにロールトレーニングのさまざまな側面全部を意識もしくは理解することを目標にするのがよいだろう。先の例で、ディレクターが主役のそれ以前の振る舞い方に焦点を当て、それから今、目の前で起きているこの振る舞い方の別の例に焦点を当てているところに、この原理が働いていることがわかる。そのセッションのある特定な一部分を振り返ってみよう。

第2章 ロールトレーニングのドラマ化と探索

> **主役：** 私のとっさの反応は自問することでした。ジョンとジェーンは私と同じくらいそれに気づいていたのかしらと思い始めました。でも、それが重要かどうかわからなかったので、自問しているのです。
>
> **ディレクター：** わかりました。いいでしょう。それではこれをドラマということにしましょう。いいですか。今あなたはジョンとジェーンはどうなんだろうかと思っているのですね。ある独特なやり方で動いたり、感じたり、人生にアプローチしたりしているとあなたが言ったように。
>
> **主役：** （笑う）
>
> **ディレクター：** （念を押して）これがドラマです。私たちはドラマをしたのです。

もしもディレクターがロールトレーニングのあらゆる側面をくまなく意識していなかったなら、このやり取りは起こらなかっただろう。ディレクターがもっと前の出来事のほうに焦点を当てたままでいれば、それによって新しくより生々しい出来事が考えられなくなってしまったかもしれない。このディレクターは柔軟性があり、その瞬間を生きることができるので、新しい瞬間が現れたときに、それぞれの瞬間のロールトレーニング・セッションとの関連性を理解できるのである。そのディレクターは主役の以前の振る舞い方に焦点を当てていたが、その特定の焦点だけにしぼって関わっているわけではない。ある特定のものだけに傾きすぎないということ

が、どのセッションにおいても重要な要素である。この方法によってディレクターと主役は、一緒により近くにいることができ、お互いにそれぞれのウォームアップを徐々に築き上げていくことができる。もし、特定な何かをするべきだという固定したルールをディレクターが持っていると、主役との関係は強さを欠くものになってしまう。

◎遊び心と感情の要素

 そのような柔軟性の強みは、遊び心を大いにワークの要素に取り入れることができることである。当然のことながらディレクターは、表現されている材料を卑小化しないようにする十分な自制心を磨くことが必要である。それでもどうにかして、誰もが遊びから人生に関わる何かを理解することができるようである。時々、人々が子供にこんなふうに言うのを聞くのはとても奇妙な感じがする。「さあさあ、もう十分楽しんだでしょ。さあ、来て宿題をしなさい」と。楽しみを諦めてそれからワークをするのではなく、それとは反対に、楽しんだ経験をその後のワークと結びつけることも可能である。しかし、そういうことを成し遂げるには、混乱状態の中を通り抜けるようなことも厭わないことが必要である。なぜなら、そんなふうにし始めると、あなたの知性はもはや任務を果たさなくなるからである。それでも、あなたの知性は任務を果たそうとして混乱し、そしてあなたはよくこう言うだろう。「私はまごついています」と。しかし、実際、本当のあなたは喜んでいる可能性が十分ある。そうであっても、「私はま

第2章　ロールトレーニングのドラマ化と探索

ごついています」とあなたは言い続けるかもしれない。起こっていることに従っていくことを厭わないということは、私たちにとってきわめて重要なことである。もしあなたが遊びやロールプレイに夢中になっているならば、とくにそうである。あなたは何が起こっているのか理解することができなくても、そこで起こっていることについていくことができなければならない。あなたは進んでそのようにし、何か他のものがあなたの中に現れ、生産的な場面を生み出すだろうということを信頼しなければならない。言い換えるなら、あなたの振る舞い方の基準になるのは、あなたが頭で理解していることではないということである。

　あなたがディレクトしている間には、あなたの中にはエネルギーがある。まさにその遊び心に満ちた活力が、すごく活気のある力が、あなたの中には存在する。あなたの周りで何が起こっているかを観察するとき、それが前面に現れる。だから、それは知的な観点から観察しているあなたのことではない。あなたは主役と遊んでいるので、あなたの意識の中には感情の要素が生じている。あなたの関心に変化が起き始めるように、その感情の要素を自分の関心にまでもたらすことができる。ひとたびよりよい関心を手に入れれば、あなたはそれをもっと使うことができる。したがって、それはあなたが自分の関心を捨てるということではなく、関心にいのちを吹き込み、冷淡な超然たる関心があなたを支配しないようにするということなのである。

◎協力的なパートナーシップ

　その主役とディレクターの間の会話は、どんなロールトレーニング・セッションにも必要な協力的なパートナーシップを進展させていることを示している。ディレクターは、そのセッションの焦点を絞るために相当なイニシアティブを取っている。主役は積極的にその焦点を取り上げ、主役自身の表現になるようにそれを創りなおす必要がある。主役が「そういうことがいつも起こっているということが、ますますはっきりとしてきたからです。……そして、それは時にはとてもストレスが溜まることなのです」と言うとき、それは主役が自分自身の経験を意識していることの徴候である。そしてまた後に彼女は言う。「私はそのことにいらいらし始めてもいたのです。いつでもそんなふうにためらうのは何かあるんです」と。

　ディレクターと主役とのこの会話の結果、主役は自分の目的を明らかにすることができた。彼女はその目的をこのように語っている。「ただもっと行動に出ることです。だから、つまり、本当のことを知りたくて自問するのではなくて、端的に『あなたにはわかっていたの？』と相手に聞くこともできたはずです」と。

セッションの描写の続き：アセスメントの段階に入る

> **ディレクター：**　そうです。あなたはそういうことをしている自分に今は気がついていて、自分自身の

ことをちょっと笑いましたね。すみません、あなたが自分自身のことを笑っているのかどうかはよくわからないのですが、あなたは笑っています。あなたが笑っているわけは、こういうことを自分がしていることに気づいたけれども、なぜそういうことをしているのかわからないからですか？　そんな感じですか？

主役： ええ、まあ。

ディレクター： よろしい。

主役： 私はそのときもまた、そのことにフラストレーションを感じ始めていました。なぜって、それは、ええと、そうですねえ……。いつでもすごくためらいがちになる何かがあるのです。何かする前に「大丈夫かな？」と自分に聞きながら、常に問いながらメモしているみたいな感じです。だから、またそういうことを見ると笑うんですが、内心はどちらかといえば苦痛です。

ジル： そうです。私はそう思っていました。笑うことで痛みを取り除くのを楽にしているような感じではないのかしら。なぜって、それは本当にとても苦しいことだから。

主役： そう、そう。（静かに）

ディレクター： それでは、あなたができていたらいいなと思うことはどんなことになりますか？　ジェーンやジョンの反応はどうだろうかと自問するのではなくて、あなたが本当にした

いこと、本当にしようとしていることは何でしょうか？

主役： ただもっと行動に出すということです。だから、つまり、ただ自問しているだけではなくて、「あなたにはわかっていたの？」とか何とか相手に聞くこともできたはずです。

ディレクター： そうですか。それでは、あなたがもっと行動に出したいと思うとき、あなたを止めているものは何だと思いますか？ あなたはそれをどういうふうに呼びますか？

主役： ええと。それは私の頭なんでしょうね。

ディレクター： わかりました。ではそれをあなたは何と呼びますか？

主役： ええと。何ていうか……それは私にまだ何もさせてくれないうちに、何もかも完璧にさせたがる分析家です。

ディレクター： うむ。それでは、それを完璧主義の分析家とでも呼びますか？

主役： そうですね。

ディレクター： 出てきましたね。

主役： はい。

ディレクター： よろしい。だからあなたは自分自身の中で葛藤に捕らえられているということになりますね？

主役： はい。

ディレクター： そして、その葛藤は他のいろいろな状況で

	も繰り返し出てくるのですね。
主役：	そうです。
ディレクター：	さて、その葛藤とその解決にはいろいろな側面が関係しているでしょうから、それを解決しようとするときには、あなたにはすることがたくさんあるということをを理解しましょう。そして、もし私たちがそんなふうに考えるとしたら、あなたはその葛藤について今は何をしたらよいのか、ちょっと考えてみましょう。
主役：	わかりました。
ディレクター：	そしてたぶん明日も何かをし、その次の日も何かを……。
主役：	なるほど。
ディレクター：	そして、少しずついろいろな側面に焦点を当ててやっていくうちに、あなた自身の中に別な統合が生まれるかもしれません。そうなると決めつけるのではなく、しばらくそういう観点でそれを見ていきましょう。
主役：	はい。わかりました。

アセスメントの段階

　アセスメントの段階はドラマ化のすぐ後に来る。したがって、主役は自分の振る舞い方の価値が評価されている間、ドラマ化の中で自分の内部から出てきた経験を保持することがもっとできる。その経験を意識できていることはきわめて重

要なことである。それはこの経験によって的確なアセスメントが生み出され、その経験が時々その妥当性を再検討するための基盤になるからである。まるで岩のように立ち、内面的な評価の中枢を準備しているのは、それぞれの個人の中にあるその経験なのである。私たちの価値観の基盤はその経験なのである。私たちの内的な経験というのは、私たちの個であることの意識といってもよいだろう。私たちの経験と接触を維持できることによって、間違ったアセスメントを押しつけられないことを可能にする。妥当で役に立つアセスメントは、どんなものでもその人の経験と一致するものでなければならない。アセスメントをする方法は本書の後半部分で示されている。[6]

観客の参加

観客の参加もしくはそれに相当するものは、ディレクターや主役にとって大いに助けとなる。主役は、自分が焦点を当てていることが、世の中の日常生活でも観客たちと密接な関連があるという感覚をますます発達させる。地に足が着いているという感覚が育つ。

心理学的な見地からすると、主役の意識の中にあると思われる孤立しているような感覚は弱められるか、さもなければ取り除かれる。

訳注[6]　第5章参照。

第2章　ロールトレーニングのドラマ化と探索

　これまでのセッションの説明の中では、やり取りに自発的に参加していた観客のメンバーの例が出てきている。このことが主役を刺激して、振る舞い方のより広い領域に焦点を当てさせている。主役は笑っているときでも痛みを感じているという事実をあるグループメンバーが強調したが、これによって主役は自分自身のこの側面を認識するようになった。

　グループがなく補助自我[7]もいない職場環境で個人とロールトレーニング・セッションを行うような場合は、観客の参加に相当するものを作るのは簡単である。個人とのワークでは、重要な関係を持ったことがある1人もしくは複数の人々に焦点を当てることができる。これを扱う方法のひとつは、物を選んでもらうか、いない人の場所に何かを置いておくのである。するとセッションの間、時々その人の存在を意識することができる。孤立感を少なくすることについても、実際に人がいる場合とまったく同じ効果を生み出すことができる。同様に、実際にはいない人を意識する結果として、ワークしている人の中にいろいろな幅広いロールが現れる。

ロールセオリストとしてのロールトレーナー

　ロールトレーナーはロールセオリーの知識を用いることに

訳注[7]　補助自我 auxilliary：主役の自我の足りないところを補助する脇役であり、かつディレクターやメンバーを補助する助監督でもある。主役の成長を助けるだけでなく、補助自我自身も主役の人生を一緒に経験することによって成長することができる。

よって、鮮明で適切なセッションの焦点を導き出すことに役立てる。ここで、ひとつの例を考えてみよう。

これまでに取り上げたセッションの描写の中で、主役はもっと行動に出したいが、彼女自身の自発的な表現を止めている何かがあるということを、ディレクターが気づいているのがわかる。ディレクターは、彼女を止めているものを彼女が何と呼ぶか尋ねる。

主役：	ええと。それは私の頭なんでしょうね。
ディレクター：	わかりました。ではそれをあなたは何と呼びますか？
主役：	ええと。何ていうか……それは私にまだ何もさせてくれないうちに、何もかも完璧にさせたがる分析家です。
ディレクター：	うむ。それでは、それを完璧主義の分析家とでも呼びますか？
主役：	そうですね。

ここでは、ロールセオリーを適用することによって、主役のパーソナリティに起きていることが、現実的にもっとはっきりと理解できるようになったことがわかる。完璧主義的な分析家として、自分を止めているものがあることを認識できることによって、彼女はもっとよく自分がわかった気がする。彼女は自分の気持ちを整理する能力をさらに発達させている。

その後でディレクターは、主役が葛藤に巻き込まれている

こと、また、その葛藤は他のいろいろな場面でも繰り返されるということを指摘する。ディレクターは、彼女がその葛藤に関して何かできるのではないかと提案する。このように、主役のワークで焦点を当てる価値がある領域での展開を助けるために、ロールの葛藤という理論的概念が適用されていることがわかるだろう。また、セッションの分析の段階が計画立ての段階へと次第に移行していくことも理解できるだろう。

セッションの描写の続き：計画立ての段階に入る

ディレクター：	では、何をするのがよいか、一緒に考えてみましょう。今ここで、そのことを全部そっくり解決してみますか。それとも、一番最初に何が浮かぶかをつかんで、それに関して何かやってみたほうがいいですか？
主役：	大きいことよりも、どちらかというと小さいことのほうがいいように思います。
ディレクター：	わかりました。
主役：	そうです。なぜなら、それはたぶんとても古いもので、かなり凝り固まったパターンになっているので、もしそれを全部直そうとしても、絵に描いた餅みたいになってしまいそうです。
ディレクター：	わかりました。いいでしょう。（グループに向かって）皆さんが急にメアリー（主役）にとても親近感を覚えたのはなぜなのでしょうか？　そのことを彼女に伝えてくださ

|||い。（ジェスチャーをしたあるメンバーに対して）では、どうしてそうしたのですか？
ジェーン： なぜ私が彼女に親近感を覚えるのか、ですか？　うーん、私は気に入ったんだと思います。あなたはとても正直だと感じました。そういうことでしょう？
ディレクター： そう、そう。
主役： なるほど。（控え目に）
ジョン： 僕は、あなたが自分に対してとても客観的で、しかもとても優しいと思いました。
主役： なるほど。
ジョン： これは古くて凝り固まったパターンで、それにはかなりの変化が必要ということになるだろうとあなたは言いましたね。それであなたは一度に全てをしようとするのではなくて、一歩一歩やっていくつもりなのですね。それはとても思いやりのあることです。あなたはそれがとてもよくわかっています。だからあなたは小さな結果を引き受けるだけでよいことになりますからね……。
主役： うーん（静かに）。私は、つまり、少しずつ歩を進めるという考えが好きで、用心している要素もありますが、もうひとつ気がついていることは、そう、全部をすっかりぶちまけてしまいたくはないという思いが事実あるということなのです。だから、もしもどんなふうにそれが動きだすのかがもっとよくわかれば、選ぶこともでき、それ

をもっと自由に使えるようになるでしょう。でも、いまのところそれがひどく頻繁に起こるし、とても気持ちの良いものではないんです。だから、少しずつということは用心するためということでもありますが、私にとっては何か自由を意味するものでもあるのです。

ジョン： そうですね。

主役： だから、私はそれを全部やめてしまうつもりはないのです。

ジョン： 複雑だね。

主役： それが起こるときは、本当にそうです。

ジョン： 微妙だ。

主役： ええ。

ディレクター： はい、あなた。(別なグループメンバーのほうを向いて)では、あなたをメアリーに引き寄せたもの、もしくは身近に感じさせたものは何ですか？

ジル： それはあなたが何か小さなこと、そして何か始まりつつあることについて話したときだと思いますが、あなたに起こるまさにその最初のことに私はとても引きつけられました。「そうだ、それなら私もできる、見つめることができる。逃げずにそこにいることができる。そうだ。私にはあなたが言っていることがわかる」と。そういうふうに探していくこと……私にはわかります。私も同じ思いがあります。

ディレクター： （主役に）ああ、いいですね？

主役： ええ。素晴らしいです。

ディレクター： では、今夜のロールトレーニング・セッションで焦点を当てるひとつの小さなこととはどういうことになるでしょうか？　で、私たちはあなたの言うことを聞いているときには、それは良いことだと思えるかどうか、みんな心の中で思いをめぐらせていようと思います。それはあまり遠くへジャンプしすぎない一歩のようなものになるでしょうか？　一歩一歩のプロセスの一部分になるような一歩ということです。

主役： うーん。そういうことなら何がよいステップになるのか考えたと思います。一番最初に私が直感的に反応したり衝動を感じるときに、何を言おうとしていたのかに気がつけるような何かです。それがいつも直感なのか、あるいは考えなのか、実際はあまり確信はないのですが。

ディレクター： そうですか。いいですね。とてもいいです。それではここで止めましょう。

主役： はい。もうできたのですね。

セッションの計画立ての段階

　セッションの計画立ての段階には2つの部分がある。第1に、そのセッションの中でどれだけのことを扱うかである。

第2章 ロールトレーニングのドラマ化と探索

第2に、出来事の流れの中で、何が最初の要素かを把握しておくのが役に立つということを認識しておくことである。

◎ワークする範囲の限定

このセッションでは、主役は状況の中の振る舞い方全てに焦点を当てるよりも、ひとつの小さな要素を選んでいる。ディレクターとグループはこれに賛成する。この段階では、これは最上のプランである。彼女のパーソナリティの他のいろいろな側面も関係しているので、ひとつのセッションの中でその全ての側面を扱うのは不可能である。また、ある人がパーソナリティのひとつの小さな領域でより適切に機能するようになると、その人の他の多くのパーソナリティの領域ももっとよく機能し始める、ということを心に留めておかなければならない。精神分析的自我心理学はこの原理を強調する。この原理は他の多くの実践家も真実であることを認めている。

ほとんどのロールトレーニング・セッションでは、ひとつの小さな要素に焦点を当てるのが好ましい。これは、セッションの間中、注目する焦点が非常に明確に保たれるということを意味している。また、実際のロールトレーニング・セッションそのものは、短時間のうちに完成させることができるということも意味している。これによってそこにいるみんなの達成感が増し、希望に満ちた雰囲気を高めるのである。

◎出来事の流れ

一連の出来事の中の最初の項目に焦点を当てることは、通

常は最もよい手順である。この理由は、ワークをさらに進めていく上で、満足のいく基礎を築き上げることができるからである。もし、主役の最初のウォームアップと初期の表現が機能不全的なものである場合、それはその後の振る舞い方のためにも不十分な基礎にしかならず、ますます不適切なものになっていく。

　ロールトレーニングでワークすべきパーソナリティのある特定の機能を突き止めることが、最も好ましい。この例での焦点は、主役が行動したいという最初の衝動を経験するときに起こることを、もっと意識できるようにすることである。主役もグループも十分に動機づけられ、十分な能力や理解力を見せていたという事実があるので、これは短い時間の中で達成できる素晴らしい焦点である。

第3章

ロールトレーニングでの新しい認知

この章ではロールトレーニング・セッションの中心的な部分を描写し論じる。焦点を当てるのは特別な技法の応用であり、実践家の手引きとして役立つものである。すでに述べられたセッションの部分は、古典的サイコドラマで言うと、ドラマ化と探索段階に相当する。本章はその次のセッションの一部分であり、古典的サイコドラマの治療的段階に相当する。

セッションの描写の続き：ミラー[8]を使う

ディレクター：	ちょっとそこで止めて。（今度はグループメンバーに向かって話す）ですから、主役が言っているのはこんなふうなことでしょうか？　主役が本音をぶちまけるとか、それに類する反応をするとき、自分が何を言おうとしているのか気がつくようになりたい、と。そんなようなことを主役は言ってるんですね？
ジョン：	ええ。
ディレクター：	はい。さて、彼女がこう言っているとき、彼女の私に対する言い方に気づいた人はどのくらいいますか？　彼女がちょっと躊躇したのに気づきましたか？　あなた、気が

訳注[8]　ミラー mirroring：自分の行動を鏡に映すように客観的に見ること。またはその客観的な自分を指す。つまり主役が、場面や動作などによって表現したり示したものを補助自我がコピーしたように表現したり示したことから受け取ること。気づきの拡大をもたらす。ミラーをすることをミラーリングと言うこともある。

第3章　ロールトレーニングでの新しい認知

	つきましたか？
ジェーン：	はい。
ディレクター：	気づいた。いいですね。彼女のミラーをできますか？　彼女が私に話しているときに、あなたが見たものを。
ジェーン：	はい。
ディレクター：	あなた、できるでしょう？
ジョン：	はい。
ディレクター：	素晴らしい。いいですね。はい。あなたは？
ジル：	わかりません。できそうにありません。
ディレクター：	あ、そう。やってみるつもりはありませんか？
ジル：	じゃ、やってみます。
ディレクター：	大変いいですね。ありがとう。そんなふうにしていきましょう。皆さんの中で3人、見たことをミラーしてみましょう。（他のグループメンバーの方を向いて）最初にあなた、ここに座って、ドラマの補助自我になってください。（今度は、主役に向かって）それから、あなたはこちらに来て私と一緒にいましょう。こちらに座って見ていましょう。そうするだけでいいんです。さて、あなたが見ている間、私とあなたがお互いのことを意識し続けることができたらいいですね。というのは、わざわざあなたが嫌な思いをするために見ているのではありませんよ。それが目的じゃありません。あなたに嫌な思いをしてもらうつもりもま

ったくありません。ただ、こんなふうに考えたらいいと思っています。つまり、実際、私たち2人はここに一緒にいます。そして競馬に出かけていって、私たちの周りで何が起きているかを見ようとしています。と、そんなふうなことでしょう？　ただ観察して、見えるものを見るだけです。それでは、あなたたち2人、やってみてください。私たちがどんなふうに描かれるか見てみましょう。

（2人のグループメンバーが舞台に出て、1人は自分が見たように主役を演じ、もう1人はディレクターとしての補助自我の役をする）

ディレクターとしての補助自我：　では、私たちは計画を立てましょう。一歩ずつ進めるようなことですね。あなたは一歩進むのですね。
主役としてのグルーメンバー1：　はい、はい、ちょっとずつ。これは、私のしっかり凝り固まったパターンみたいです。一度にちょっとずつ。ちょっとずつ進めます。そうです。それが、私が心に思っていたことです。

（主役は、その演技をとても興味深く見ている）

ディレクター：　ありがとう。

第3章　ロールトレーニングでの新しい認知

(主役のミラーをしていた補助自我は席に戻り、他のグループメンバーが来て自分が見たように主役のミラーをする)

> **主役としてのグループメンバー2:** あー、わかってきました、私の、えーと、反応が……。
> **ディレクター:** ありがとう。

(このグループメンバーも席に戻り、3人目のグループメンバーが出て来て、ミラーをする)

> **主役としてのグループメンバー3:** 私は思うんです。自分の直感から出た反応をもっと何というか、自覚したいんです。だけど、自信がないんですよ。それは考えかもしれませんから。しかし、それは反応には違いないと思うのですが……。

(主役はいっそう強い興味を示して見続ける)

再　　演

セッションの計画段階に続いて、主役が自分の振る舞い方をより良くしたいと願っている状況の再演をすることが、一般的には最良の方法である。なぜこれが重要かというと、その第1の理由は、実際、多くの人がすでに最初のドラマ化やアセスメント、およびセッションの計画段階から多くのこと

を得ているからである。主役のウォームアップは、通常ずっと順調に働くようになっている。このときまでに主役は、実際何が起きているか、ずっとはっきりわかってくる。また、自分自身の個人的価値についても、はるかに明瞭になっているのが常である。主役は、適切な方法で実際の人生を生きることに、すでに踏み出していることが多い。このようにして主役は、とりたてて介入することなく、まったく適したやり方で再演をすることが多い。こうした場合一番よいのは、ディレクターとグループは、主役のその適切な振る舞い方をもっと強化することだ。時には、主役の表現が適切になりきれていない場合もある。その場合は、ロールトレーニング・セッションの残りの時間を、主役が適切にできたことを強化することと、もっと向上することが必要な1つか2つの小さい領域に焦点を当てる必要がある。

すでに述べたセッションの中で、主役はディレクターとのやり取りで何気なく再演したが、ディレクターはこれに気づいて、主役がたった今示した躊躇にグループの注意を焦点づけた。ここでは再演がすでに自発的に起きたので、ディレクターがあえて別にドラマをする必要はない。直ちに介入をして、セッションをうまく終結に持っていくことができる。

ロールトレーニングの介入

その再演の際の介入でまず用いたものは、ミラーの技法である。主役はもっと気づけるようになることを目的にしてい

◎ミラー

ミラーをするときには、いくつかの重要な段階を踏む。

最初の段階は、主役とグループの注意を引きつけることである。ドラマを一時止め、何か別のことが起きることをみんなに知らせることで、これは簡単にできる。これがみんなの中に空白と好奇心をかきたてるが、その重要性についてはすでに述べた。

すでに述べたセッションの中で、ディレクターは主役の自信のなさを重要ととらえ、こう言った。「いいです。とてもいいですね。それではここで止めましょう」と。ここでディレクターは主役と観客にドラマを止めるように言う。この要求によって気づかされるのは、時間を区切ることができるということ、すなわち、ある瞬間を次に起きることと明らかに区別することができるということである。この行為が、部屋にいる人々の自発性を高める。というのは、その行為によって、各々の瞬間を新たに生きる備えができるからである。こうして、2つの原則をここに見ることができる。1つ目は、明瞭なミラーにはある瞬間を次に起きることと区別する必要があること。2つ目は、明瞭なミラーには自発的な役者が必要であること。

ディレクターにとって**2番目に重要な仕事**は、主役の振る舞い方のどこに焦点を合わせたらいいか、その決定的な瞬間を見極めることである。この例では、ディレクターは主役の

躊躇の瞬間に焦点を合わせた。

ディレクターにとって3番目に重要な仕事は、この特別な決定的瞬間の主役の振る舞い方に、グループのどのメンバーが気づいたかを尋ねることである。

> **ディレクター：** はい。さて、彼女がこう言っているとき、彼女の私に対する言い方に気づいた人はどのくらいいますか？ ちょっと彼女が躊躇したのに気づきましたか？ あなた、気がつきましたか？

この質問によって観客は、自分たちが主役をどう見ているかにウォームアップする。その質問は観客が、起こっていることを目に見えるように描き、感じ、行動するきっかけになる。

4番目の仕事は、その特別な瞬間に見たことを表現することにグループメンバーをウォームアップさせることである。

> **ディレクター：** その瞬間にあなたが見た彼女のミラーをできますか？

ディレクターは観客に、見たことを何かミラーで返すことができるかと聞いている。ここでは、観客メンバーは、その瞬間の自分自身と自分の能力を振り返るように問われている。見たことの本質を明確に表現できるような率直なアセスメントが求められる。明確なミラーの原則は、見えたことを明確に表現するということである。

すでに述べたセッションの中で、これら全てのことは適切

に実行されている。一つひとつ段階を踏んで素早くなされている。グループの2人のメンバーが即座に進み出て、主役の振る舞い方のミラーをし、これをすることに躊躇した1人の人も結局はやってみようと進み出る。

ディレクターの**5番目の仕事**は、ミラーの目的はとくに主役およびグループ全体が、アセスメントより先に観察することであるということを、全ての人にはっきり示すことである。ミラーは、評価する人になるより、探求的に観察する人の精神風土の中でうまく働く。ミラーは、新しい展望を得る用意がある人のために機能するのであって、既知のことを守ることに汲々としている人のためには効果がない。

ミラーの実施とその価値

私たちが補助自我と呼ぶグループメンバーは、主役の動きをその人が観察したように演じる。つまり、この補助自我は、主役がすでに言ったりしたりしたことをほぼその通りに繰り返す。この例では、補助自我はとても上手にやっている。彼は、また心の中で、主役の気分と同様に主役が言っている意味にもウォームアップすることができている。そして主役の身体的表現にもウォームアップすることができている。彼は主役がしたように見たり声を出したりする。彼の表現は真に迫るものがあり、説得力がある。ロールのいろいろな要素、つまり言語的内容や文の構造があらわにしている主役の価値観、身体の動き、一連の感情のそれぞれが一致している。そ

の表現には影響力があり、主役がそれに反応して、自分自身にウォームアップするのを助ける。こうしたことはきわめて重要なことである。というのは、もし補助自我がそのロールを的確に描かなければ、主役はそのロールを取っている補助自我を受け入れないかもしれない。さもなければ、主役はそのロールを取っている補助自我を部分的にしか受け入れないか、あるいはそのロールを取っている補助自我を受け入れるふりをするだけだろう。その結果、主役は葛藤しながらドラマを続けることになるかもしれない。不的確な補助自我のワークはドラマの事実を歪め、主役が本当に大事なことを扱わなくなるという別な結果を招く。

　他人が誰かを正確に描くことは不可能だろうから、主役がどんなときでも自分の全ての側面を表現する必要があると、これまでは言われてきた。この見解は、何千ものセッションの中での観察や経験とは一致しないし、補助自我がいる良さを報告してきた何千人もの主役の経験とも合致しない。

　もしミラーに数多くの補助自我が参加すれば、最初の2、3回は、ミラーをする人はただ見たままに主役の動きを描こうとするだろうが、その後にミラーをする人はある特定の側面に焦点づけ、そこをかなり強調するかもしれない。こうしてその表現はより象徴や想像を伴ったものになる。

　主役の振る舞い方のある側面を表現してくれる補助自我を観察することから生じる恩恵は多い。つまり、適切で正確な表現の形を示してくれた補助自我の自発性を経験することによって、主役の自発性のレベルはいっそう早く高まり、主役

第3章　ロールトレーニングでの新しい認知

の自己認識はより深まる。主役が補助自我と彼らがしてくれることに対して肯定的な情緒的接触を保ちながら、自分の振る舞い方を外から表現してもらった結果としてこの主役の自己認識の深まりがもたらされる、と私たちは考える。補助自我は、主役に対して主役の振る舞い方全体を鏡に映したように表現する。ミラーの唯一の目的は、人にありのままの自分自身を見せ、経験させることである。つまり、人は自分自身の肖像画を見る。

　この過程にはいかなる判断も持ち込まない。補助自我は自分の先入観や、助けたいとか影響を及ぼしたいという願望を帯びた表現をしないように注意しなければならない。スーパーバイザーがいたりいなかったりの多くの経験から、補助自我が明確に理解しなければならないことがある。つまり、適切な役割交換によって起こるミラーによる他者からの正確な表現が、強力な治療的な介入になるということである。このミラーの介入は容赦なく真実を表す。ショックを与えることもある。同じ振る舞い方を繰り返しミラーされることによって、主役は否認するのが難しくなる。その理由の1つは、他のグループメンバーが見ていて、補助自我の表現の正確さを承認したり、否定したりするからである。さらに、補助自我と主役との間に通常、強い肯定的な絆が発達するという事実がある。つまり、補助自我が一生懸命になって誠実に補助自我の仕事をしようと努力していることを、主役が理解するようになる。

　主役の中の観察者の立場は、ディレクターが次のような

言葉を繰り返し言うことによってさらに確固となる。「さあ、あなたが見ている間」「見てみましょう」「ちょっと観察して、何が見えるか見ていましょう……そして皆さんが私たちのために何を表現してくれるか見てみましょう」

　主役のためのミラーは、周りの環境と信頼ある結びつきができてからである。これまでは、評価的な道徳主義と混同して描写する人たちによって演じられるミラーを、主役たちは経験することがよくあった。こうした主役たちは、自分たちの周りの他の人みんなにもグループの基準や価値を押しつけることを強いられているように感じてきた。これによって多くの主役たちが混乱し、何が実際に自分たちの振る舞い方に関係し、何が道徳的評価に関係しているかがわからなくなった。ロールトレーニング・セッションでミラーが実施されるときに、この試みに参加する人が人類の個性化を尊重する人であれば一番いい。そのとき初めて、より明確な自己の分化を促すようなよく訓練された正確なミラーとの、全身全霊を込めた関わり合いができるのだ。過去の保守的なロールを維持し、他の人間を集団意識の強い振る舞い方に留めようとする人は、ミラーは忘れた方がいい。

　ミラーの３番目の成果は、主役のソーシャル・アトムを健康的に発達させてくれることである。モレノ博士は、人間集団の最小の機能的単位を指して「ソーシャル・アトム[9]」という言葉を作った。個人のソーシャル・アトムの分析によって、

訳注[9]　social atom

人が他人に対して振る舞う前向きな側面と退行的な側面が表される。ソーシャル・アトムの分析によって、まさにどこに修復作業が必要かも表される。ドラマの中で補助自我と主役との間に発達する結びつきは、実際のグループセッションの外でも続くことが多い。それによって、主役の振る舞い方の適切な面が強化されたり、人を見る眼が広がったり、自己表現する新しい方法が創り出されたりする。

セッションの描写の続き：ミラーの後の再演

ディレクター： （1人の補助自我に向かって）どうもありがとう。さあ、ここに座って。（もう1人の補助自我に向かって）じゃあ、あなたはそこにいて。ジル、どうもありがとう。じゃ、すぐにそこに行って。（それから、主役に向かって）自分になってドラマを演じてください。

主役： わかりました（静かに）。

ディレクター： あそこに行って。

主役： はい。

ディレクター： では、今ワークしたいと思っていることを補助自我に伝えてください。

主役： そう。自分を信じることについてワークしたいです。

ミラーの後の再演

　グループのメンバーは主役の振る舞い方をミラーし、主役は自分を冷静に観察していた。今度は主役が生まれたての新鮮なドラマをするときである。主役の自発性は沸騰している。今こそ、世界に向かって自分ができることを示す時だ。

ミラーの後の再演のタイミング

　再演はミラーの後すみやかにやるのがベストだ。そこが主役の自発性が最高に高まっている時点だ。直観的要素が高まった瞬間だ。それは、地平線上に陽が昇る直前の暁の光のようだ。私たちの目の前に、一瞬、いのちの本来の純粋さが現れる瞬間だ。主役を場面に入れ、したいことを演じてもらう前にたった2、3秒待つことさえ、実は最も美しいものを侮ることになる。知性化の過程が主役の意識に起き始めることは避けられない。同様に、待つことは、どんなに短くてもディレクターとグループメンバーを知性化の過程に陥りやすくさせる。これは、通常、ディレクターが主役と今何をしたらいいかについての議論を始めることになって現れる。これは、普通、ディレクターや主役やグループメンバーが大きな関心を寄せる激しい議論になるものだ。おそらく、ここに大きな関心が向かう理由は、そのような知的な議論が安全感を促進したり、何かを成し遂げているという感じを促進するからだ

第3章 ロールトレーニングでの新しい認知

ろう。安全感も達成感も両方とも錯覚である。前向きな振る舞い方を生み出すのは、生命力であり、創造的要素であり、「かの眠れる巨人[10]」である。ディレクター、主役、およびグループメンバーの自発性が小さな教授の利口な議論によって中断されてしまうと、防衛的な解決策が生まれてくるだけだ。

ここでわかったことは、ミラーの後のすみやかな再演によって、主役の自発性レベルは最大限になり、主役の前向きなあるいは健康的なウォームアップが維持される。そしてその健康的なウォームアップが高まり発達して、グループの関わり合いが維持されるのである。グループに関して言えば、ディレクターが主役に「そこに行って、自分になってドラマを演じてください」と言う時点で、グループの大きな関心を引き出すのがわかるだろう。これは好奇心がもたらすことである。「主役は今度はどうするんだろう？」と、それぞれのメンバーが問いを抱く。

ミラーの後の再演のアセスメント

主役は自分の現在の力量に応じて表現する。しかもディレクターはこの表現をその場で即座にアセスメントしなければならない。どんなロールトレーナーもこの能力を伸ばすには、トレーニングやスーパービジョン[11]および不断の実践が必要で

訳注[10]　まだ真の実力を発揮していない人。

訳注[11]　スーパービジョン supervision：精神療法の臨床教育の基本に

ある。

　たとえロールトレーナーが即座のアセスメントができなくても、一番よいのは、ドラマを中断し、ディレクターは主役およびグループとともに座り、アセスメントにいたることを目的に、思慮深くリラックスして検討することだ。おそらく主役がしたことをミラーで見ることを間に挟むこともあるだろう。それによって皆が意識の中に主役の振る舞い方を正確に刻んでおくことができる。

　どんなアセスメントにいたるにしても、主役の人生、カルチャー、サブカルチャー、性格からくる振る舞い、特定の生活状況、および短期的・長期的目標について、あらゆる知識を総動員してかからなければならない。役割分析の観点からその振る舞い方を概念化し続けることが一番いい。というのはこの振る舞い方はセッションの前半に起きたことと、セッションの残りの時間に扱うことと一致するからだ。実際に表に現れた主役の振る舞い方を目の前に示し続けることによって、一貫した参照枠が与えられ、それによってグループがひとつになる。

　すでに述べたロールトレーニング・セッションで、短い時

なっている教育方法。スーパーバイザー supervisor は監督・教育する人、スーパーバイジー supervisee は教育を受ける人のことを言う。スーパーバイザーによる助言、指導などを介して、治療者としてのスーパーバイジーが、自分の診断や治療方針や治療技術、逆転移などについて的確な認識と洞察を得ることに役立てる。スーパーバイジーが1対1で個人的にスーパービジョンを受ける場合や、集団で症例検討会の方式で受ける場合などがある。

間で考えをまとめて、主役は、きびきびと魅力的な自信に満ちた積極的な態度でこう言った。「自分を信じることについてワークしたいです」と。彼女は、熱意ある前向きな主宰者の行動を取っている。または、自発的に行動する人の振る舞い方とアセスメントできるだろう。それは、彼女は前向きで熱意のある主宰者であると言うのとほとんど同じことである。彼女を人生を愛する人としてアセスメントしたとしても適切で妥当なものである。彼女は、明らかに自分の中の生きる力を意識しているだけでなく、この生きる力に価値を与えている。

アセスメントに基づいた介入

　アセスメントと、この地球上での実際の振る舞い方とを結びつけるような方法を工夫することは、ディレクターの仕事である。アセスメントだけをして何もしないでおくのはよくないことだ。アセスメントは実際に効力を発揮させないといけない。

　先に述べたセッションの中で主役は適切な振る舞い方をした。だから介入を工夫してその適切な振る舞い方をしっかりと強化しなければならない。この場合、一番いい強化方法は、主役にこのように振る舞っている自分を見てもらうことである。そのようなミラーによって主役は、自己の中心を保ちそれをさらに発展させるだろう。それによって彼女は自信を高めるだろう。

私たちが社会的な相互作用の中で最もよく見るのは、誰かが何かうまくやっているとわかったとき、その人がしていることを気に入ったとその人に伝えることだろう。そのようなコミュニケーションはグループ・セッションでもよく見かける。ある点で、これは生産的な振る舞い方をもたらすチャンスとなる。けれども、肯定的な感情や肯定的な評価を与えるそのようなコミュニケーションに伴って問題が起こるときもある。つまり、人が自己を評価する内的な中枢を成長させる必要があるまさにそのときに、評価されるという外的な中枢に焦点を当てることになる。その人は強い内的感情を無駄に使い、浅薄な興奮と大げさな感情を表現することになる。

　今回の主役は、溢れ出るいのちのイメージや、焦がれる憧れを抱いて手を伸ばしている人のイメージなど、描かれた自分自身のイメージを見ることによって、間違いなく自信を得るだろう。同じように皆さんが自分の一連の写真を撮り、それらを壁にピンでとめ、写真に描かれた自分を毎日観察したら、誰もが自信を得るだろう。自信を得、元気を得、喜びに満ちるだろう。なぜなら、写真に写し出された能力が、あなたの意識をかきたて、あなたの精神を高めるからだ。

セッションの描写の続き：さらにミラー

ディレクター：	（主役に向かって）とってもいいね。さあ、あなたはこちらに来てください。そして（グループメンバーに話しながら）皆さん、た

第3章 ロールトレーニングでの新しい認知

> った今見たことを演じてみてください。

(1人のグループメンバーが歩み出て、見たことを演じる)

> **主役としてのグループメンバー1：** 自分を信じることについてワークしたい。
> **ディレクター：** ありがとう。見たことを表現してくれて。

(2人目のグループメンバーが歩み出て、見たことを演じる)

> **主役としてのグループメンバー2：** 自分を信じることについてワークしたい。
> **ディレクター：** （主役に向かって）この彼女の表現はどう見えますか？ あの人がしていることはどう見えますか？
> **主役：** うーん。
> **ディレクター：** お腹の底から反応が出てきていると思いますか？
> **主役：** はい。
> **ディレクター：** 私もそう思います。それがどんなふうにあなたに影響しているかわかりますか？ どのようにあなたの心を動かしていますか？
> **主役：** うーん。
> **ディレクター：** 忘れないうちに、さあ、言って。
> **主役：** いい感じ。彼女は、何かを提案しようと思っているみたいだわ。

> ディレクター： 彼女に話して。さあ、彼女に話して。(あくまで直接に表現するよう促す)
>
> 主役： あなたは、とても大切なことを提案しようとしているみたいだわ。
>
> ディレクター： うーん。ねえ、「……みたい」じゃなくて、こう言ってください。"私"は……。私は……。(励ます指導者になっている)
>
> 主役： 私は、あなたが提案しようとしていることはとっても大切だと思うわ。
>
> ディレクター： 役割交換。

(主役は、その場面の自分自身を演じるために舞台に歩み出る。そしてグループメンバーは舞台から離れ、主役の観察者としての位置に行く)

> **観客としてのグループメンバー:** 私は、あなたが提案しようとしていることは、とっても大切だと思います。

主役の振る舞い方の強化

◎指導者としての主役

たった今示されたやり取りの描写の中で、理解力があり感性の鋭い指導者としての主役の振る舞い方がよくなってきていることがわかる。主役の最初の頃の振る舞い方を見ると、彼女はこの面をそれほど自覚していない。完璧主義が前面に

第3章　ロールトレーニングでの新しい認知

出て、その表現を妨げていた。彼女が「いい感じ。彼女は何かを提案しようと思っているみたいだわ」と言うとき、指導者としての彼女の振る舞い方が発達しつつあることが素朴な形で見られる。自分とやり取りするように促されて、「あなたは、とても大切なことを提案しようとしているみたいだわ」と言う。さらにコーチングを受けて、「私は、あなたが提案しようとしていることはとっても大切だと思うわ」と言う。

　理解力があり感性の鋭い指導者というこの前向きな役割の発達は、ミラーやディレクターのコーチングや、主役が自分自身とやり取りするような演出によってもたらされたことは明らかである。

◎指導者としてのロールトレーニングのディレクター

　そのセッションでは、ディレクターのコーチングによる治療的な指導がさらに目立つようになってきている。それは当然である。主役は、今、自分のために価値あるセッションをしようと決意しただけではなく、適切に生きる能力を前面に押し出してもきた。だから、ここではコーチングは本当に効果的になる。この時より前には、コーチングは大きな岩を丘の上に押し上げようとするようなものであった。今度はコーチングは、飛行機を操縦している間、訓練生の隣に座っているパイロットの指導者のような位置にいる。別の言い方をすれば、明らかにこの主役は今、人生を自分の手に取り戻したということだ。これが彼女が最も強く求めたことの核心であり、このようなコーチングによる正確で繊細できめ細やかな

指導がワークの真髄である。

　ディレクターの治療的な指導がとてもはっきりと示されたのは、主役が自分を信じることについてワークしたいと断言した後に発せられた最初の言葉だ。ディレクターは即座にこう言う。「とってもいいね」と。これは単に型どおりの言葉ではないし、実際どのディレクターもまず型どおりの言葉は口に出さないものだ。それはディレクターの中に湧き上がってきた感情の表現である。ワークで人をディレクトするとき、主役と補助自我がどんなことをしているときでも、あなたは時々深く感じるときがあるだろう。どうしてそのような強い感情があなたに湧き上がってくるかはわからないかもしれない。それがどこからか湧き出てきたということだけはわかる。もしそれをふさぐことをしなければ、その感情は自動的に外に向かって表現されることがわかるだろう。最初は、それはただあなたから流れ出し、あなたの周りに良い雰囲気を生み出す。その部屋の感性鋭い人は、あなたが生み出したその雰囲気に心を動かされるだろう。いずれにせよ感情は身体の動きを通して自分自身を表現するのである。また感情は、声や笑いや叫びや何かの言葉の形を通して表現されることが多い、ということもわかるだろう。あなた方に湧き起こる、いいなと思う感じや熱心さも、何らかの方法で表現される。そして、表現はいつも即座である。それは生きる力の流れである。

　いったん即座に表現することができるとなれば、心が活性化されるのがわかるだろう。アイデアが浮かぶのがわかる。本当は言ってみたいこと、してみたいことがあり、この

第3章　ロールトレーニングでの新しい認知

ことは主役やグループにもとても密接に関連していることがわかる。それらのことが何かは、あらかじめ知ることはできない。しかし、いったんその状況に入って、その感情を表現するのを認めれば、あなたの心に浮かんだ考えや行動はこの世で最も自然なことに思える。おそらく、これには直感が働くのだろう。このケースでは、ディレクターはこう言う。「さあ、こちらに来てください。そして皆さん、たったいま見たことを演じてみてください」そのようなきびきびとした明確な指示が、直感的要素にはぴったりする。実際、あえて言うなら、直感的要素はきびきびとした明確さを伴ってのみ表現されるのである。きびきびとした明確さが、直感の存在を示すサインである。

　2つのミラーの例に対するそれぞれ違ったアプローチの中で、ディレクターのコーチングがよくわかる。最初の例では、ディレクターは補助自我にミラーをしてくれたことに感謝し、感謝の理由を伝える。ディレクターは補助自我にこう言う。「ありがとう。見たことを表現してくれて」そのような振る舞い方によって、主役は興味を持って感性鋭く観察することを続けやすくなる。

　2人目のミラーの例では、ディレクターは補助自我に感謝を示さず、そのかわり主役の方を向いてこう言う。「この彼女の表現はどう見えますか？　あの人がしていることはどう見えますか？」主役はまごついて、要領を得なくなる。ディレクターはこう言って続ける。「お腹の底から反応が出てきていると思いますか？」この言葉に促されて、主役は確信し

て答える。ディレクターはコーチとして、即座に続けてこう言う。「私もそう思います。それがどんなふうにあなたに影響しているかわかりますか？　どのようにあなたの心を動かしていますか？」ディレクターは、あくまで主役とのやり取りを続ける。明らかにこのディレクターは、このロールトレーニングのセッションの中で、今が主役のワークの決定的な瞬間、つまり山場だと見ている。ポットは沸騰し続けなければならない。知性の入り込むすきを作ってはならない。自己不信をもたらす完璧主義で、このいのちを無くしてはならない。主役は適切な表現をしたのだから、それを守り発達させるように全力を尽くさなければならない。実行しては取り消す過程は、知らぬ間に破壊的な過程になることをこのディレクターはわかっている。この振る舞い方に焦点を当てることで主役の全存在が満たされるように、適切にウォームアップが高められなければならない。彼女の過去の習慣的なパターンは、実行しては取り消すパターンを示していた。このパターンを治療的セッションで繰り返してみてもまったく何の意味もない。そのような非生産的な脚本が繰り返されるセッションは、名目だけの治療である。

　全てのロールトレーナーに勧めたいことは、直感的なコーチングによるこのような直接な表現を絶えず実践し、大切にすることである。それはロールトレーナーにとって心地良いあり方ではない。それはロールトレーナーが１人で立っていることを明確にするあり方である。他の言葉で言えば、どんな無難な、あるいは安心な、あるいは安全なものとも別なも

第3章　ロールトレーニングでの新しい認知

のである。

　1人の主役のやり取りを長年にわたって繰り返し観察していると、よくわかってくる。目の前で演じられているその人なりの振る舞い方を見る感覚が発達してくる。もし、あなたに分析的傾向があれば、性格の表現であるロールを評価することが、さらにもっと正確で速くなるだろう。主役の態度と価値を描く世界観をますます意識できるようになることがわかるだろう。態度と価値というのは、あなたが観察しうる現在のロールシステムを通して表現されているのである。主役自身が適切な仕方で振る舞い始める時点で、そのような認識が有用で実際的な価値を持つようになる。その時点であなたは、親しみやすい理にかなった仕方で主役に協力することができる。

　このセッションでコーチングを続けるなかでディレクターを制御しているのは、このいのちのとらえ方である。

ディレクター：	お腹の底から反応が出てきていると思いますか？
主役：	はい。
ディレクター：	私もそう思います。それがどんなふうにあなたに影響しているかわかりますか？　どのようにあなたの心を動かしていますか？
主役：	うーん。
ディレクター：	忘れないうちに、さあ、言って。
主役：	いい感じ。彼女は、何かを提案しようと思

	っているみたいだわ。
ディレクター：	彼女に話して。さあ、彼女に話して。(あくまで直接に表現するように促す)
主役：	あなたは、とても大切なことを提案しようとしているみたいだわ。
ディレクター：	うーん。ねえ、「……みたい」じゃなくて、こう言ってください。"私"は……。私は……。(励ます指導者になっている)
主役：	私は、あなたが提案しようとしていることはとっても大切だと思うわ。

セッションの描写の続き：主役は自分と相互作用をする

ディレクター：	役割交換。今彼女を感じて、彼女が何をしているかを見てください。そして彼女にすぐに反応してください。直接、お腹の底から反応してください。
観察する指導者としての主役：	あなたは不安を感じている。
ディレクター：	役割交換。
観察者としての補助自我：	あなたは不安を感じている。
場面の主役：	ええ。
ディレクター：	役割交換。(次に、主役に話し続けて)あなたの中にあるものを今、動きで表現してみて。喋らないで。あなたの中にじかに起きてきたものを動きだけで表して。
指導者としての主役：	大丈夫。いつも不安を感じる必要は

第3章　ロールトレーニングでの新しい認知

      ないわ。
ディレクター：　役割交換。
指導者としての補助自我：　いつも不安を感じる必要はないわ。
ディレクター：　役割交換。（さらに主役に向かって話す）そこで自分自身を見ながら、あなたの中にあるものに言葉をつけてみて。
指導者としての主役：　うーん。本当はそれを信じてないんでしょう？
ディレクター：　役割交換。
指導者としての補助自我：　本当はそれを信じてないんでしょう？
場面の主役：　ええ。（静かに）
ディレクター：　役割交換。彼女はあなたのことを締め出してはいませんよね？
指導者としての主役：　はい。はい。
ディレクター：　それを受け止めて。それを意識して。
指導者としての主役：　わかりました。
ディレクター：　そのことを感じとって。とくに動きで。
指導者としての主役：　わかりました。うーん。いつでもそれを信じなくても大丈夫よ。それで大丈夫よ。
ディレクター：　彼女を思いやっていますね。
指導者としての主役：　はい。
ディレクター：　とても優しいですね。
指導者としての主役：　ええ。

> **ディレクター:** だから、あなたの彼女へのアプローチはずいぶん柔軟ですね。
>
> **指導者としての主役:** ええ。
>
> **ディレクター:** そのときは、あなたは彼女が行動することを言わば完璧主義的には求めていませんね。そのやり方は本当にいいですね。
>
> **指導者としての主役:** ああ、そうです。はい。

主役の自己との関係を強化する

　たった今示されたやり取りの中でディレクターは、主役が自分自身との相互作用を発展させることに集中してきた。主役が外に表現したことと内的に経験したことへの気づきが高まるようにディレクターは強く促した。外的に表現されたものと内的に経験されたものとの関係について、主役の理解が増した。理解力のある感性の鋭い指導者としての彼女の振る舞い方をさらに発達させるためには、このように繊細なチューニングが必須である。このようにして、セッションのこの部分で行われているワークが、過去に行われたワークの上に築かれてゆく。

　ディレクターは、あくまで主役がその瞬間に動くように言っている。その瞬間に動くことを、一度でなく何度も何度も繰り返し行うように言っている。ディレクターによるこのあくなきコーチングは、次のような言葉に示される。「さあ、あなたの中にあるものを今、動きで表現してみて。喋らない

第3章 ロールトレーニングでの新しい認知

で。あなたの中にじかに起きてきたものを動きだけで表して」そのコーチングの中で同じように言っている。「そこで自分自身を見ながら、あなたの中にあるものに言葉をつけてみて」そして後にこのことは次の言葉に反映されていることがわかる。「それを受け止めて。それを意識して」さらに言う。「そのことを感じとって。とくに動きで」

より鋭い一貫した即座の表現をもたらすためには、役割交換のタイミングはもうひとつの大変重要な要素である。セッションのこの部分では役割交換は、主役が意味深い文を言い終えた瞬間に行われる。これは知性化の過程が進むのを断つ。その意味は、主役のウォームアップは常に上向きの劇的な曲線にそって高まっていくということである。きびきびとした役割交換の結果、主役がひとつの役割を演じているときに高まっている自発性が、次の役割の開始を推し進める。補助自我も、表現するように求められた役割を活気に満ち、しかも意味深く表現できるようになる。こうして主役は、ほんの少し前に口に出したことを、生き生きとした表現で返してもらうことによって絶えず刺激を受けている。このようにしてセッションのこの部分では、自発性はさらなる自発性を生むという原理が実際に表現されている。

主役がさらに自己との関係を強化する要素は、セッションの前の部分で行われたことと新たに行われたことを、ディレクターが結びつけているという事実である。ディレクターは言う。「そのときは、あなたは彼女が行動することを言わば完璧主義的には求めていませんね。そのやり方は本当にいい

ですね」 主役はこれを見て驚き、実際に軽いショックを受けている。その観察が彼女の意識の中に意味深く統合されているのは明らかである。

第4章

ロールトレーニングにおける解決と統合

今回のロールトレーニング・セッションの終結部分は、展開が早くてしかも複雑なドラマを伴っているので、言葉では必ずしも正確なイメージが伝わらないかもしれない。起きていることの明確な意味を、想像力で補ってつかんでほしい。以下に示したケースは、主役の言うことと動きに注意を払うことによって良い効果が表れることを明らかにしている。

セッションの描写の続き：葛藤の解決

ディレクター： 役割交換。

指導者としての補助自我： いつでも私を信じる必要はないよ。

場面の主役： （沈黙）

ディレクター： では、そのまま自分自身でいてみたらどうでしょうか。

場面の主役： はい。

ディレクター： そして、自分のままでいて、もう一度彼女に対して浮かんでくることを行動で表してみて。彼女と一緒に動いてみて。

場面の主役： はい。

ディレクター： 役割交換。そこで、自分のままでいてくれませんか。私のことは気にしないで。あなたはうまくやっていますよ。自分にこう聞いて見てください。あなたがしているこのワークは、これで完結しましたか？

指導者としての主役： よくわかりません。

第4章 ロールトレーニングにおける解決と統合

ディレクター： よろしい。自分に聞いてみましょう。自分の中に完結した感じがありますか？

指導者としての主役： あまりありません。

ディレクター： あまりない。よろしい。それでは、続けて。あなたが今しているやり方で続けてみましょう。そして何かをやり終えたと感じるときを意識してください。

指導者としての主役： はい。

ディレクター： おそらく、あなたは少し試してみる必要があるのでしょう。ともかく続けて、みんながあなたと共にいることを信じて。やっていくうちにあなたの中に何かが起こることを信じて。

指導者としての主役： はい！

指導者としての主役： あなたと私はもっとずっと協力していくべきよ。だって、一緒に本当に楽しめることがたくさんあるもの。だから、それを実際に一緒にやったら、とても素晴らしいことだわ。もっといっぱいやったほうがいいと思うわ。

ディレクター： 役割交換。

指導者としての補助自我： あなたと私はもっと協力していくべきよ。一緒にできたら、とても素晴らしくて楽しいわよ。だからもっといっぱいやったほうがいいわ。

場面の主役： はい。

ディレクター： あなたには引き下がる癖があるんですね……。

(ディレクターは、主役の左右の手の指がそれぞれ違った動きをしているのに気づき、主役の注意をこの動きに向ける。彼女は、すぐに、一方の手の動き、それからもう一方の手の動きに気がつくようになり、これが彼女の話に反映される。)

場面の主役:	……それで片方が踊り……そしてもう片方が踊る。そしてまたもう片方が……両方が踊っていることがわかるまで2人は踊る……それから私はこうする。それは不意打ちのようなもので、一種の攻撃ね。それから両方ともダンスを始める。この指の中でたくさんのことが起こっているわ。
ディレクター:	その通り。だからこの右手は片方のダンサーで、左手はもう片方のダンサーなのですね。でも、ダンスが起き始めると、お互いが触れ合い、一緒に踊っているのですね。
主役:	そうですね。
ディレクター:	それで、これは……。
主役:	ちょっと遊んでいます。
ディレクター:	こんなふうに、あなたはやっているわけですね。それが良い方法だとわかるから、実際にやってみていたんですね。
主役:	はい。
ディレクター:	はい。
主役:	私は、自分の指をただ楽しんでいます。
ディレクター:	素敵ですね。では、自分にこう言ったらどうでしょう。「あなたは左手よ。彼女はあ

第4章　ロールトレーニングにおける解決と統合

	なたの右手よ」というふうに。やってみてください。（補助自我を見て）
主役：	わかった。えーと。私たち[12]がここでしなければならないのは、うーん、私は引っ込み思案だから人前でやることは慣れていないの。あなたならちょっとはできるでしょうけど……。
ディレクター：	そうです。あなたがしなければならないことは、一歩前進してみることです……。
主役：	わかりました。
ディレクター：	ちょっと想像してみてください。ジルを他人と考えなくなるように想像の中で飛躍してみてください。
主役：	はい。
ディレクター：	まだあなたの個人的な世界を演じていられるようにね。
主役：	はい。
ディレクター：	結局、どのみち、あなたは自分自身を何とかすることについて話しているのですから、全てがあなたの個人的な世界に関係することなのです。
主役：	うーん。
ディレクター：	ただし今回は、この人が補助自我です。彼女はあなたの右手、そしてあなたは左手です。あなたの想像したシナリオに入ってみてください。そして私やジョンやジェーン

訳注[12]　ここでの「私たち」とは「主役と補助自我」のこと。

	や他の人の存在は気にしないようにしてください。
主役：	わかりました。うーん。椅子の周りで追いかけっこしようよ。
ディレクター：	役割交換。
遊び好きなまとめ役としての補助自我：	椅子の周りで追いかけっこしようよ。
主役：	オーケー。
ディレクター：	役割交換。（主役に向かって）あなたはとてもエネルギッシュですね？
主役：	……つかまえた。
ディレクター：	はい、そこで止まって。あなたは私と一緒にこちらに来てください。
主役：	はい。

（ディレクターは、主役を舞台から連れ出し観察者の位置に置く。そして補助自我と場面の再演を準備する）

ディレクター：	（グループのジェーンに向かって）あなた、それを演じてください。椅子に座って主役になって始めてください。それから（他の補助自我に向かって）あなた、同じように主役を演じてください。私たちは見ていましょう。
ジェーン：	オーケー。
ディレクター：	あなた、彼女に話して。

第4章 ロールトレーニングにおける解決と統合

> ジェーン： すみません、忘れてしまいました。
> ディレクター： 大丈夫ですよ。彼女の手をちょっと叩いて。脚をちょっと叩いて。
> **遊び好きなまとめ役の補助自我**： （今度は役になって続ける）オーケー、遊びましょう。
> ディレクター： 追いかけっこして！（補助自我を促して）
> **遊び好きなまとめ役としての補助自我**： ……つかまえた。
> ディレクター： （補助自我に向かって）止めて。（今度は、主役に向かって話しながら）さあ、あなたの前で演じられているこの絵の何がいいなと思いますか？ あなたが、明らかにやっていることですが。
> 主役： はい。えーと、そこにはものすごく生命があふれています。それからとても楽しんでいます。一緒に遊んでいます。
> ディレクター： うん、うん。そうですね。
> 主役： だから軽やかです。
> ディレクター： そう、そう。
> 主役： ええ。それからエネルギーに溢れています。

セッションを終える

　全てのロールトレーナーは、どんなセッションもきびきびと終えることを身につけておかなければならない。そして、そのような終結をもたらすために考慮しなければならない密接に関連した項目がたくさんある。終結について教え込む

タイミングを知ること自体、多くのロールトレーナーにとってかなり複雑なことである。本質的には、あなたの直観で行動するという原理が、セッションの初期と同様に適用できるだろう。けれども、実は多くのロールトレーナーは自分の直観と触れ合うことがなく、どんな時点を取り上げても、さまざまな理由で触れ合ってはいない。

　基本的には、主役があらかじめ述べたセッションの目的を達成したと主張し、それにディレクターが満足したら、ディレクターはロールトレーニング・セッションを終結にもっていくだろう。そうでなければ、主役がこのセッションで達成可能なことを全て成し遂げたという理由で、セッションの幕を閉じようとディレクターが結論を下すことがあるかもしれない。このひとつの例として、葛藤状況に直面するためにより高い能力を発達させたいという目的を持っている主役をあげてみよう。そのロールトレーニングのセッション自体の中では、もっぱら葛藤状況を扱うためのより高いウォームアップを発達させることに焦点が当てられた。別の言い方をすれば、このセッションの焦点は、もっぱら葛藤状況に入る前の準備のワークそれ自体に当てられ、その人が扱いたかった実際の生活状況のドラマ化はまったくなかった。けれども、適切なウォームアップを発達させることに関するワークは真剣で、主役やディレクターおよび観客に満足をもたらし、したがって、ロールトレーニング・セッションはウォームアップ段階を終えるところで終結した。その人の２番目のセッションでは、他の人とやり取りする場面をドラマにした。そこで

第4章　ロールトレーニングにおける解決と統合

　主役は実際、葛藤に適切に向き合った。事実、過去のセッションで行われたウォームアップのワークによって、その人が生活そのものの中の葛藤状況を処理することが十分にできた。

　ロールトレーニング・セッションを終結にもっていく際に、ディレクターは主役に単にこう言うかもしれない。「あなたがやろうとしたワークは今完結したと思います。ここで終わりにしましょう」時々ディレクターは、主役がワークを終えたかどうか不確かで、こう言うかもしれない。「私はあなたがワークを終結したように思いますが、あなたは本当にそう思いますか？」今取り上げようとしているロールトレーニング・セッションの記録では、ディレクターは主役にこう言う。「自分にこう聞いてみてください。あなたがしているこのワークは、これで終結しましたか？」

　もちろん、ディレクターが終結のことに絶対の自信を持ってアプローチすることはない。ディレクターが「セッションは、ここで終わりです」と主役に言うときでさえも。そこで述べられていることはいわゆる作業仮説である、という意味でディレクターは言わなければならない。「セッションはまだ終わった感じがしません。別の機会に続ける必要があると思います」と、主役が言える余地をいつも残しておかなければならない。

ロールトレーニング・セッションを終結するための追加のワーク

これまでのセッションの中でわかるように、主役が両手を使って大変豊かに表現していることにディレクターは注目している。そして右手と左手のそれぞれ違ったタイプの表現から、ドラマが創られる。補助自我が一方の手の役をし、主役がもう片方の手の役をして、一連の役割交換をする。この結果、主役は快活ないのちの喜びに大いにウォームアップする。これはドラマの目的に密接に関連していて、主役や部屋の誰をも満足させている。

セッションの描写の続き：相反する価値の具象化

ディレクター：	さて、これが出てきているのを見ているときに……。
主役：	はい。
ディレクター：	あなたの意識に否定的なイメージも浮かんでいますか、あるいは浮かびましたか？
主役：	ああ、ええ、ちょっと。
ディレクター：	そう。いいです。あなたたちいいですか。（補助自我に向かって）あなたたち3人そこにいて。それから、あなた（今度は主役に話して）、椅子か、物か、クッションか、または何かを使って、そこに否定的なイメージを彫刻にしてみてください。

第4章 ロールトレーニングにおける解決と統合

> 主役: わかりました。否定的なイメージですね。
>
> ディレクター: はい。そうしてみてください。あらかじめ考えすぎないこと。もっと動きだけで表して。直感的に。早く。
>
> 主役: はい。うーん。それは、それは本当にこんなふうな、イメージでいうと、それは本当に重くて、黒くて、大きくて、暗い。そうですね、何枚もマントか何かを着ている人間のようです。それは死に神のような、誰かがとても大きな苦痛を負わせているような……。
>
> ディレクター: ジョンをここに連れてきて、彼を彫刻してください。おそらく創ってみれば……。
>
> 主役: はい。それはとてもいいですね、はい。
>
> ディレクター: ははあん。
>
> 主役: はい。はい。それで、えーと、それはとてもとても深刻な顔に見えなくてはいけません。
>
> ディレクター: とても厳格なんですね。
>
> 主役: とても深刻(深い声)。気難しい(笑う)。
>
> ディレクター: なるほど。いいですね。

(補助自我はこの役割を演じ、その演技は主役によって受け入れられる)

> ディレクター: はい。止まって。さて、今が、言ってみれば、例の瞬間と同じですね。インタビューで、

	あなたが言っていたことと似たようなことが起きていると思います。そこでは、何かを早めに気がつくようになりたいと言ってましたよね……。
主役：	あら、そうだわ。
ディレクター：	それから、あなたは選択をしたいと思っているんですよね。[13]
主役：	そうです。はい。
ディレクター：	それで、あなたはどっちの方へ行こうとしていますか、そういうことでしょ？ つまり、これが選択をするチャンスですよ。
主役：	はい。
ディレクター：	何に、それからどこに、あなたの注意を向けていますか？ 私の言う意味がわかりますか？
主役：	はい。わかります。
ディレクター：	さあ、続けて。

（主役と補助自我にとって真に迫った演技が続く）

ディレクター：	さあ、ジェーンと役割交換して。
主役：	はい。
遊び好きなまとめ役としての主役：	こっちだよ！
ディレクター：	今度は、あそこにいるあの厳格なダメ出しする人と役割交換して。あなたは、今度、

訳注 [13] p.36-37 の主役の発言を参照。

第4章 ロールトレーニングにおける解決と統合

> あそこのジェーンです。そしてあなたにはここで、この軽やかな素晴らしい演技をします。
>
> **主役：** （笑う）
>
> **ディレクター：** さあ、今度はあの人にウォームアップして。

（演技が続く）

> **ディレクター：** （厳格なダメ出しする人としての主役に話して）ここで起こっていることについて、あなたの見解はいかがですか？
>
> **厳格なダメ出しする人としての主役：** おお。まったく子供っぽくて、いささか自制心に欠けている。
>
> **ディレクター：** そうです。

（補助自我がダンスしながら、遊びながら、演技が続く）

> **ディレクター：** （厳格なダメ出しする人役を演じている主役に向かって）で、どうしてそこに目をつけるのですか？ 彼らを子供っぽいという見方をしたり、自制心に欠けているという観点からものを見るのは、あなたの中の何がそうさせるのですか？ そんなことをするのはあなたの中の何がそうさせるのですか？
>
> **厳格なダメ出しする人としての主役：** うーん。なぜなら、彼女が自制心を失わないことは大切なこと

だし、彼女が正しいことをするのは重要なことだ。はい。

ディレクター： そう。はい、いいです。でも、私はあなたについて本当はもう少し深いことを聞いているんです。あなたにとって大切なことは何ですか？

厳格なダメ出しする人としての主役： 私にとってですか？

ディレクター： そうです。

厳格なダメ出しする人としての主役： この役の中で？

ディレクター： はい。なぜ、自制心を失わないことが、あなたにとって大切なんですか？

厳格なダメ出しする人としての主役： ああ、なぜならびっくりするからです。

ディレクター： 怖いんですね。

厳格なダメ出しする人としての主役： ええ、ええ。

ディレクター： はい、はい。なぜそれが怖いのですか？

厳格なダメ出しする人としての主役： よくわかりません。

ディレクター： わからないんですか。あなたはそれをちゃんとわかっているはずですよ。よろしい。自分の中にそれを感じることができるでしょう？　それは怖いですか？

厳格なダメ出しする人としての主役： はい。

ディレクター： さあ、向こうの主役と役割交換して。（次に補助自我に向かって）あなたはこの人で、ただ怖がっています。

厳格なダメ出しする人としての補助自我： うーん。

第4章 ロールトレーニングにおける解決と統合

> **ディレクター:** （補助自我に向かって）怖がって。さあ、続けて。

（生き生きとしたやり方で、演技が続く）

> **ディレクター:** （主役に向かって）さあ、ジェーンと役割交換して。今度は、私たちはこれを見ていましょう。

（演技が続く）

ディレクター：	止めて。今、気がついていることは何ですか？
主役：	2つの間で分裂してることです。
ディレクター：	はい、はい。さて……。
主役：	ただ楽しむことが私にはとても難しいみたいです。もし、私がここに立っていても、あの人があそこで怖そうに立っていると、追いかけっこを楽しむのは私にとってはとても難しいです。
ディレクター：	そう。しかし、もう一度言いますよ、インタビューの中で、あなたは気がつきたいと言っていました……。
主役：	そうです。
ディレクター：	それからあなたは選択をしたいと思っています。

主役：	はい。
ディレクター：	それでは、ここであなたは選択をする準備ができていると思いますか？
主役：	はい。
ディレクター：	よろしい。では、選択をして。そして動いて。続けてください。
主役：	はい。始めるために、したいことが……（厳格なダメ出しする人の役を演じていた補助自我に向かって行く）
ディレクター：	よろしい。ですから、それがあなたの選択です。さあ、はじめにこの人に話してください。さあ、どうぞ。ありがとう。
主役：	（厳格なダメ出しする人に向かって）はい。うーん……。
ディレクター：	どうやら、あなたはとても優しいですね。

（主役は厳格なダメ出しする人と肯定的な関係を発展させている）

主役：	はい。はい。そうです。
ディレクター：	素晴らしい。それこそ、（他の人に向かって）ちょっと止めてください。それこそ、あなたの中にじかに湧き起こって来たことです。
主役：	はい。
ディレクター：	インタビューであなたが言っていたことにちょっと似ています。あなたは、自分の中に起こったこのことに従いたいんですよね。

第4章 ロールトレーニングにおける解決と統合

主役：	はい。
ディレクター：	あなたがまさに今していることが、それではありませんか？
主役：	ああ、そうです。はい。それです。
ディレクター：	実に素晴らしい。続けて。
主役：	はい。だから、うーん。
ディレクター：	そんなふうにスタートを切っているじゃありませんか？
主役：	ええ。
ディレクター：	そこではあなたはこの人の考えに対して優しくなっていますね？
主役：	はい。
ディレクター：	素晴らしい。
主役：	ええ。しかし、それはまた、別れる前に誰かを慰めているような、誰かに感謝しているように思えます。
ディレクター：	その通り、その通り。この人に話したいですか？ 何か言いたいですか？
主役：	いいえ。2人はしばらくそこにいるようです。しかし、私は2人ともっと一緒に時間を過ごす必要があります。
ディレクター：	わかりました。いいですね。続けてください。

（やり取りが続き、主役は満足する）

ディレクター：	ここで終わりにしていいですか？

主役：	はい。いいです。
ディレクター：	いいですね。どうもありがとう。ありがとう。さて、あなたはステージの外を歩き回ってください。ただ自分自身を感じてください。歩きながら独白をしてください。歩きながら、あなたの中に起こることをただ声に出して言ってください。それだけです。何を言うか準備する必要はありません。ただ浮かぶことを言ってください。
主役：	何て言っていいかわかりません。
ディレクター：	ははーん。それでいい。それでいい。いいですよ。
主役：	すごくいい感じ。それから……すごく心がオープンになっている……はい。
ディレクター：	ですから、無防備なんですね。
主役：	はい。
ディレクター：	だから、あなたの個人的な世界だけにはとらわれていないことがわかるでしょう？あなたは、私たちに気がついているんですから。
主役：	はい。
ディレクター：	それからあなたは、私たちを一緒にいさせてくれています。
主役：	はい。
ディレクター：	圧倒されることなしに。
主役：	はい。その通りです。はい。
ディレクター：	いいですね。では、どうもありがとう。こ

第4章　ロールトレーニングにおける解決と統合

> れでセッションのアクション部分を終わりということにしましょう。

否定的なことに打ちかつこと

　ロールトレーニングの終わりに向かって、主役が適切な振る舞い方を発達させているとき、新しい振る舞い方が主役の人格に十分統合されていない、というちょっとした徴候を表すことがよくあるだろう。別の言葉で言うと、自信の無さが続いているサインかもしれないし、時々ウォームアップが下がったのかもしれない。あるいは興味を失ったのかもしれないし、外の世界に認められたいがために、恐怖の表情が見え隠れしている内的自己に支配されてしまっているのかもしれない、等々。

　すでに述べてきたセッションの中で、主役が一瞬、陽気に生きることを十分楽しめないでいるのを、ディレクターが注目しているのがわかる。ディレクターはこう質問する。「あなたの意識に否定的なイメージも浮かんでいますか、あるいは浮かびましたか？」主役には、黒く大きな影、悪霊、気味の悪い死に神と呼ぶ否定的なイメージが浮かんでいて、彼女はこのイメージをドラマにすることにウォームアップしている。彼女は、この幻影の役を演じた。

　この恐ろしい姿に十分ウォームアップさせるつもりで、ディレクターは主役にインタビューしている。注目すべきことは、ディレクターはインタビューの中で、この生き物に対し

て先入観を持っていないし、否定的でもないし、その生き物をまったく威嚇しているのでもない、ということである。むしろディレクターは、素朴な質問をして誠実な関心を示している。これによって主役のウォームアップが深まる。つまり、この面の彼女の社会的なあり方についての認識が深まる結果になっている。自由に人生を楽しむときにコントロールを失うことを恐れてしまう事実を、彼女は認めている。このロールトレーニングで彼女がたどり着いた解決は、陽気に人生を楽しむ人として振る舞う価値を再確認することである。彼女は、そのようなあり方でもっと多く時間を過ごそうと決心する。

セッションはこのように、実際にロールテストで終わった。主役が実際の困難に向き合い、陽気に自由に行動することを止めずに維持することでセッションは終わる。確かに主役は、この種の振る舞い方が彼女の全人格に統合されて機能するように、生活そのものの中で繰り返し練習する必要があるだろう。けれどもこのセッションは、この振る舞い方を確立することを可能にするという点で重要な役割を果たした。

セッションの描写の続き：グループの再統合

主役：	はい。
ディレクター：	そしたら私たちは一緒に座りましょう。そしてみんなが私たち自身についてあなたに何か話してくれるでしょう。皆さんが思い

第4章　ロールトレーニングにおける解決と統合

> 出したことでも、気持ちでも、どうしても言いたいことでも、何でもいいです。ありがとう。どうもありがとう。
>
> **ジョン：** あなた（ディレクター）が、思い出したという言葉を発したとき、すぐに今日の午後のことが思い浮かびました。私……ゴルフをして、ショットをしくじったんです。なぜかというと、腕が十分自由に動かなかったし、緊張していたんです。ピンのすぐそばにボールを近づけようと本気でねらっていたからです。そうしたいという一心で、腕に力が入って硬くなってしまっていたからです。以前にこうなったとき、自分のために小さなおまじないを編みだしたのを思い出しました。そのおまじないとは、「ルーシー・グーシー[14]」です。そうやって、私は腕をリラックスさせるのです。
>
> **ディレクター：** ああ、そうなんですか。
>
> **ジョン：** すると、腕が自由に動くんです。自分で生み出したちょっとした遊びなんですよね。とても深刻なときには、ちょっとルーシー・グーシーするのは本当に大切なんです。するとうまくいくんです。そして、私はとても心を動かされました。メアリー（主役）、怖がっている人に対するあなたの優しさに。とても貴重な経験でした。
>
> **ディレクター：** ありがとう、ジョン。

訳注[14]　「リラックスした」という意味。

ジル： 私は、その部分にとても引き込まれました。なのにそこで何が起きているのかよくはわかりませんでした。確かに怖いという言葉を聞いて、さらに演じましたが、それでもまだそれ以上のことには気づかなかったみたいです。私はとても引き込まれました。素晴らしかった。そして、それから、ディレクターが止めてと言ったと思います。それからちょっと息を切らして私は座りました。あなたがとても優しくなっているのを見ましたが、一方で私は相手が敵だと思っていたのです。そしたら、あなたが本当に優しくなっているのを見て、私は本当につながったと思いました……。そして、その役のあなたから見られているのを楽しんでいました。

ディレクター： そうです。あれはまた良い瞬間だったと私も思いました。あなたがその人に優しくなるとき、その人は見守っていて、最初はちょっと厳格で、それから恐怖にとらわれる。そして私が見たところ、あなたはその人をとても尊重していました。あるいは、あなたがこの人をありのままに尊重していたとさえ言えるでしょう。それでもなお、あなたは自分の目的を果たすために、他のことに焦点を合わせなければならないことがわかっていました。だから、あなたはそこにあまり長く留まってはならないことがわかっていました。だからその別れの中には悲

第 4 章　ロールトレーニングにおける解決と統合

しみが含まれていることを悟り、そしてあなたは立ち去ります。しかし、依然として、その別れには大きな尊敬あるいは敬意が込められています。だから、そのことがとてもいいと思いました。それは、乱暴とか、残酷とか、鈍感とか、冷酷とか、野蛮とか、そういったものではありませんでした。

ジェーン： はい。それは私にとっても重要なことだったと思います。それで本当に私は思い出したと思います。私がたいてい他人に対して持っている私自身の優しさや尊敬を思い出したと思います。それから、ええ、私もそれが良かったです。あなたはそれがどんなに尊敬すべきものであるかわかっていましたが、同時にもう一方も必要だということがわかっていましたね。素晴らしい。

ディレクター： さて、皆さんは共にいて、いい感じになっていると思います。今したことを通して皆さんの中で何かが動き始め、それがこれからも動き続けると思います。とりあえずそうなるだろうと言っておきましょう。そして 1 週間してまた会うときに、皆さんがしたこのワークの結果、皆さんの中に起こったことを、私たちに教えることができるでしょうね。もしあなたがそうしたければですが。皆さんの中に起こることについて敏感でいましょう。来週皆さんの中にどんな動機づけが表れるかに敏感でいましょう。そしてそのときには、また皆さんの補助自

我になってみましょう。どうもありがとう。素晴らしい。

さて、セッションはこれで終わりにしましょう。皆さんが、このセッションの結果、自分自身の中の何か価値あるものにウォームアップしていると思います。私もそうです。ですから、私たちの中に起こったことが私たちの中でまた働き続けることを信じて、来週戻ってきたら、報告もしましょうね。その意味で私たちは皆同じ船に乗っています。ありがとう。さて、休憩を5分、あるいは3分、いずれにしろ休みをとりましょう。別のことを挟むのはいい考えですね。事後に十分の休憩をとらないと、人生は単調な繰り返しになります。だから休憩をとりましょう。

（短い休憩がある）

ディレクター： 皆さんに言いますが、私の関心はセッション後のことです。つまり、皆さんがいつもの日常生活の中で、いくつか実践して応用できるようになることです。

さて、皆さんの日常生活の中では、もちろん、皆さんは、もっと公的にグループを運営しているときもあるでしょう。その中でロールトレーニングをしようと努力しているでしょう。あるいは個人と関わり、その個人と何かロールトレーニングをしたいと思うことでしょう。それから、もちろん、

第4章　ロールトレーニングにおける解決と統合

> 皆さんの生活にはいろいろな時にいろいろなことをする時間があるでしょう。今したことはそこで何かに応用できるかもしれません。

グループと外の世界を再結合すること

　ロールトレーニングのドラマ化の部分を終了した後には、2つの重要な生き方の領域が伴う。1番目の領域は、ソシオメトリー[15]的な領域である。主役にとって、もしセッションがグループで行われるとしたら、グループの他のメンバーや外の世界の人たちとの双方向の関係を回復することが必要である。2番目に扱う領域は、どのようなセッションの終わりにもグループメンバーあるいは個人が去ってゆく、ということに関係する。私たちが目的とするところは、全ての人が、仕事上の関係を含め、毎日の生活で他人と前向きな、機能的な、創造的な生き方を高めるような心構えを持って、セッションを去ることである。

　最初の目的、つまり他人とのつながりを回復することに関して、主役としてロールトレーニング・セッションに参加した人は誰もが、ドラマの中で、自分自身や他人の人生にかな

訳注[15]　ソシオメトリー sociometry：集団内部のインフォーマルな関係をとらえる方法。集団内の関係は、本来メンバー間の情緒的引力、斥力、無関心に拠っていると考える。そして、この情緒的引力のことをテレと言う。治療や指導の効果測定として使われることもある。

り心を奪われるようになるということを心に留めておく必要がある。こうした経験によって、実際、意識の全部が覆われてしまうときが時々あるだろう。したがって、ロールトレーニングのドラマが終わって、ディレクターや他のグループメンバーともう一度座るときに、主役はショックのようなものを経験する。主役は、時々他のグループメンバーが何を経験したのかまったくわからないこともある。しかし、ほとんどの例では、少なくとも各メンバーの真実の経験を知ることから、主役は非常にたくさんの恩恵を得ることがわかっている。このようにして、たいていは、簡単な方法で、皆が主役と共に座って、経験したことや学んだことをディレクターが明確に伝え合うように言うことはよいことである。すでに述べたドラマの中で、ディレクターはこう言う。「そしたら私たちは一緒に座りましょう。そしてみんなが私たち自身についてあなたに何か話してくれるでしょう。(グループの方に向いて)、皆さんが思い出したことでも、気持ちでも、どうしても言いたいことでも、何でもいいです。ありがとう。どうもありがとう」これに続いて、グループのいろいろなメンバーが自分の経験や考えを伝え、主役はこの上なく結びつきを深め、自信がついた。

主役とグループの将来への方向づけ

　主役とグループが、自分の生活や他者との仕事の中で創造的であろうとする心構えを必ず持ってセッションを去るよう

にすることは、ディレクターの仕事である。

　多くの場合、セッションのアクション部分の直後に展開されるコミュニケーションの結果、皆が前向きに生活を続けるように十分準備するようになる。しかしそのコミュニケーションによって、とても否定的な経験を際立たせることがグループの個人に起こるときがある。そして非難する傾向、不満を訴える傾向、引き下がる傾向、くよくよする傾向が表面化するかもしれない。そのような場合、グループ自体の中で即座に実行できるような課題を生み出したり、宿題を与えたり、あるいは機能不全の役割がなくなり前向きな機能が全面に出るように、ディレクターは、グループのメンバーとコミュニケーションができるような能力を持っていなければならない。

第5章

**ロールセオリー、
ロールのアセスメント
およびウォームアップ**

この章の目的は、ロールセオリーとロールの機能のアセスメント、およびセッションのウォームアップの段階を論じることである。

ロールセオリーとロールのアセスメント

ロールトレーナーの役割をする人は、日頃実際に行っている個人やグループとのワークにとって適切な理論的志向を統合しておくとはるかに効果的にワークができる。

役に立つ理論というのは、いくつかの特徴をもつものである。それはワークしている人を観察する能力を高めてくれるものであり、ある人のワークでの振る舞い方について、何が適切か、何が発達しすぎているか、何が未発達か、何が葛藤しているか、あるいは何が欠けているかを識別するのに役立つものである。人の身体的、感情的、および精神的な機能のそれぞれの要素が何かを確認し、それらの要素がどのようにうまく調和しているかをアセスメントすることに役立つものである。役に立つ理論というのは、なぜある人の振る舞い方が相手にそのような影響を及ぼすのか、そしてなぜ多くの人が特にそのような方法で振る舞っているのか、ロールトレーナーがその本質をつかむのに助けになるものである。つまり、適切な理論は、他の人々が人生や人間関係の中でしていること、その状況で何を言ったりしたりするのがよいかについて、ロールトレーナーにその指針を一瞬一瞬与えてくれるものである。

第5章　ロールセオリー、ロールのアセスメント、ウォームアップ

　モレノが発展させたロールおよびロールどうしの関係の概念は、この基準を満たすものである。この概念は、個人や人々の関係性に見られる、外から観察可能な振る舞い方に焦点を当てるものである。ロールおよびロールどうしの関係について訓練を受け、精通している人たちは、人が発達させてきた広範な能力を容易に評価でき、カップルや小グループが演じている相補的な、あるいは対照的なロールシステムにすぐに気づくことができる。ロールセオリーの専門家からスーパービジョンを受けた人は、2つのロールが補完し合うのを認識する能力を身につけている。相補的なロールシステムは親密さを生み出すと考えられるが、それを快適に感じる人もいれば不快に感じる人もいる。人と親しくなるようなロールを発達させてきた人々は、親密さを歓迎するのが自然であるが、他方、敵対的な状況のなかで助けになるロールを発達させてきた人々は、親密さには尻込みするだろう。競争心は対称的なロールシステムに関連していることが多いということを、ロールセオリーの理論家は知っている。この点を明確にするためには、小説を書くのが好きな2人とか、釣りやガーデニングや株の取引が得意な2人とか、あなたが知っているそうした2人に焦点を当ててみるとよい。そして、時々競争的な要素が姿を現すのをあなたが気づくかどうか見てみるとよい。また、グループが、あるときは緊張していたり、あるときは恐れていたり、あるときは楽しかったり、またあるときは生産的で協力的なワークに没頭していたりすることもわかってくる。

ロールというのは、個人が作り出す目的を持った行為である。この点に関しては、私たち全てがロールの創造者であることはいくら強調してもしすぎることはない。私たちは皆、目的を達成できるように何らかの形の表現を生み出す能力を多かれ少なかれ持っている。アウトワード・バウンド[16]の学校に参加したことがある人たちは、能力を試されるとても難しい状況の中に投げ入れられたとき、彼らが以前にはできるとは夢にも思わなかった解決策を生み出したことを身をもって知っている。中には、以前はとても平凡な人間だと思っていたのに、実はとても大胆で冒険好きな探検家だったということを見出した人たちもいる。

　ロールトレーナーとしてある人との関係の中に入っていき、そしてしばらくしてその人のいくつかの主要なロールを明らかにしたいと思うときには、その人がしていることをよく表す名詞をいくつか考えてみるのが一番よい。ロールの描写には、まとめる人、詩人、愛する人、家事を切り盛りする人、助ける人、策士、論争する人、心配する人、そして裁く人というような名詞がある。ロールの描写には、娘、教師、歌手、政治家、監督といったような人の社会的あるいは文化的な役割にアクセントを置くものもあるし、もっとその人の個性を描写するものもある。日常会話の中で私たちは、ある人を仕事の虫などと呼ぶことを耳にする。ある人が経験していることの核になっている何かを捕らえた言葉を用いると、その人

訳註[16]　少年少女、若者に野外や海で冒険的な訓練をさせ人格の陶冶をはかる組織、その訓練コース。1941 年、Kurt Hahn たちが始めた。

第5章 ロールセオリー、ロールのアセスメント、ウォームアップ

への興味は大いにかきたてられる。ある社会的な場面で、冒険的で探求的に振る舞っている人がいた。その人に対してある人がこう言った。「私はあなたのやり方が気に入りました。あなたはまるでマルコ・ポーロのようですね」と。その人はちょっと面喰らったが、実際、さらに情熱的になって冒険的な振る舞いを続け、他のみんなにとっても生き生きとした満足のいく機会を作ることになった。

　行動の言葉を選ぶことによって、その人の振る舞い方の本質が何であるかを明らかにしたら、次のステップは、その振る舞い方の性質に焦点を当て、それに合う形容詞を1つか2つ選ぶことである。

　このようにして、ある人が職場の同僚と一緒にうまく働いているのを見ているとしたら、そこには思慮深い協力的な立案者がいるとあなたは密かに考えてもよいだろう。また別の側面も見て、人のいい笑顔の援助者として振る舞っていると考えてもよいだろう。

　ある人のロールが何かを明確にする経験を繰り返し積むことによって、その人のより広い的確な全体像を把握するための基礎を築くことができる。パーソナリティの中で、ある種のロールは他のものよりもっと中核的であり、また、副次的なロールが他のロールの周りにクラスター[17]になって下位組織を形作っていることもわかってくる。また、ロールをいくつかのカテゴリーに分類することが役立つこともわかってくる。

訳註 [17] クラスターは「ふさ」や「群れ」を意味する言葉だが、ここでは同種類のロールの集まりを意味している。

ロールを分類する

　最も道理にかなうロールの分類システムは、人が経験している中核的な要素を反映するものである。それと共に、それらの要素の何が前向きかという点から人を見ると役に立つ。なぜなら、前向きな、もしくは動機を与えて意欲を起こさせる要素が私たちの中核にあるからである。創造的なワークを通して、未知のことを始めたり、現在の能力を洗練したり、新しい能力を伸ばしたりして、自分を満足させるように動機づけている力がどの人の中にも存在する。人はそうした前向きな側面をあげるように勧められると、興味をかきたてられる。どの人も、前向きに動機づける要素ばかりではなく、反応的な断片化した要素が働くことも体験する。その反応的な力が優勢になっているときには、その人の振る舞い方は、ばらばらでまとまりがなく、行き詰まって退行的になり、後ろ向きになる。また私たちのパーソナリティの機能には３つ目の要素も働いている。すなわち、対処的な要素である。人の生存が脅かされると、従来うまくいったために今では習慣的なパターンになっているメカニズムが直ちに作動する。

　このように、パーソナリティの機能の前向きなことに関連すること、対処もしくは耐えて生き延びることに関連すること、そして自己が断片化され、ばらばらになることに関連することの３つの主要な領域をありありと描くことができる。これら３つのカテゴリーを細かく調整するために、さら

第5章 ロールセオリー、ロールのアセスメント、ウォームアップ

にサブカテゴリーに分ける。前向きなロールは、よく発達したロールと発達しつつあるロールに分ける。このような記述は、人が段階的に成長してゆくという感覚を育てるのに役立つ。対処的なロールは、相手に近づいていくロール、相手から遠ざかるロール、相手に対抗するロールに分ける。断片化したロールは、その重要度と表現の量において、減少しつつあるか、または変化することなく固定して膠着状態になっているかに分ける。

　すでに述べたように、前向きでそれ故に機能的なロールをまず第1番に重要視すると、ほとんどの場合、効果的なやり方ができる。何であれ人がすでに上手にしていることをさらに伸ばすことは、他のどんなワークのためにも健全な基盤を生む。楽しめるもの、あるいは、他者と満足な触れ合いができるものをすでに持っている人は、幸福と満足の体験を知っている。そのような人がもはや役に立たなくなった振る舞い方をもう止める必要に迫られているとき、十分な力を持っていることを実感することができる。彼らは孤立しているときにも、空虚さや恐怖の体験にそう簡単に打ちのめされてしまうことはないだろう。

◎ロールの図表を作る
　個人のいろいろなロールを描写した図表は、ロールをよく考えて目に見えるように芸術的に表現すれば、どれも大きなインパクトを与えるものになる。視覚化することによって図表のインパクトは増大する。1つまたは複数の中核的なロー

ルが強調され、それらとその周りにクラスターになっているサブロールとのつながりが示される。単にロールのリストを作ることだけでも大きな価値がある。前向きなロールの図表を見ることによって、人のポジティブなアイデンティティが発達し、動機づけが高まる。継続的なワークをしていく間に他の図表もできてくるが、それらの図表を一列に並べて一目見るだけで、すでに成長を遂げた部分やまだ成長不足の部分のイメージをはっきりつかむことができる。ここに示した簡単なロールの分析の表（図2）は、一部分にロールクラスターを表し、他の部分では1つひとつのロールの描写を表している。

前向きな振る舞い方を強調する

ロールトレーナーは、ある人の今問題になっている状況において、その人のどんなロールまたはロールの組み合わせが前向きまたは健康的なのか、はっきりした考えを持つことができなければならない。エリク・エリクソンは数年前に『Identity and the Life Cycle』（アイデンティティとライフサイクル）という心理学雑誌の研究論文の中で「健康的な人格」の概念について論じている。彼は、健康的なパーソナリティの概念が心理学の文献の中で展開されてこなかったばかりでなく、サイコセラピストの間でも十分に教育され理解されていないことを指摘した。彼は健康的な人間の機能について、もっと明確なイメージを発展させることを奨励した。エリク

前向きなロール		対処的ロール			断片化したロール	
よく発達した	発達しつつある	相手に近づいていく	相手から遠ざかる	相手に対抗する	減少しつつある	膠着した
Well Developed	Developing	Moving Toward	Moving Away	Moving Against	Diminishing	Unchanging
詩人	創造的な主宰者 愛する人 家事を切り盛りする人	人のいい、笑顔の援助者	傷つき引きこもった策士	頭が切れて、やりこめる論述家	緊張して考え込む人、あるいは心配する人	冷たく批判的な裁判官

図2. ロールの分析

ソンが当時指摘したことは真実であり、現在も依然、妥当である。ロールトレーナーについて考えてみると、人々の欠陥に重点を置きすぎる傾向がある。この風潮は入れ替えなければならない。そうすれば、ロールトレーナーは私たちが生きているカルチャーにもっと大きな影響を及ぼすことができる。前向きで健康的なカルチャーが私たちの意識の最前面で作用しているというイメージがあるとき、ロールトレーナーの中に、ワークに取り入れるべき鋭敏で賢明な認識が育ってくる。そして、どの領域の振る舞い方が前向きであり、また後ろ向きであるかを見分ける歯切れよさと明快さが発達する。したがって、ロールトレーニングの最初の演技は、通常とても短くてすむ。ロールトレーナーは短い演技を見て、何が起きているか直ちにロールの分析をし、後のセッションでもっと詳しく扱うべき重要な瞬間がどこで表現されたかを判断することができる。最初の演技をいつまでもだらだらと長引かせると、多くの場合、ネガティブな振る舞い方を強化する。そうはしないで、ロールトレーナーは、その演技はそこで止めると簡潔に述べればよい。そして思慮深く分析して、セッションの残りで行うことを計画することの方に注意を向けるのである。

　人生を創造的に生きている人たちは、ほとんどの場合、前向きなカテゴリーに属する多くのロールを発達させていて、すでに述べたように1つか2つの中心的なロールの周りにそれらがクラスターを作っている。普通、前向きなカテゴリーの中では、2つのロールがとくによく発達するものである。

第5章 ロールセオリー、ロールのアセスメント、ウォームアップ

そのひとつは「創造的な主宰者」もしくはそれに相当するものである。これは『Creativity and Psychological Health』(創造性と心理的健康)という本の中でフランク・バロンが報告していることと一致している。そこでは、創造的な人々というのは、平凡なことについても何年も何年もワークできるように高度に鍛錬された人々である、ということが示されている。前向きなロールシステムの中で中心的なもうひとつのロールは、「愛する人」のロール、もしくはそれに類するものである。これが意味するものは、創造的な人はこの世界においてどうしたら人生がうまくゆくかという地図を彼ら自身の中に描いているということであり、その世界では、さまざまな存在物が共に仕事したり、遊んだりしながら、互いに楽しんでいることを意味する。世界の地図、もしくは別の言い方がよければ、人生観とか価値観であるが、それは私たちが演じているどんなロールの中でも、中核にあって統制をとっている要素である。私たちが人生のどんな場面に入っていくときにも抱くウォームアップや期待に結論を下すのは、人生はどうしたらうまくいくかについてのイメージなのである。創造的な人間たちが敬意を表しながら交流しているというイメージを意識の中に深く留めている人は、インタビューのように能力を試される場で、肯定的な意図とよく練られた目標を持ってアプローチするだろう。創造的な人を人生の道を軽やかに通り過ぎる自由な存在にするのは、このことである。そのために、よく鍛錬され系統だって行う能力と共に、軽快で自由な表現が存在するのである。

ここでは、ロールセオリーの使い方に関して多くのガイドラインを述べた。このテーマについては、本書のシリーズ『*Directing Psychodrama*』（サイコドラマをディレクトする）という最初のトレーニングの本の中でも論じられている。ロールとロールどうしの関係のテーマについては、このシリーズの別なマニュアル[18]の中で、もっと詳しく扱ってみようと思う。

セッションの始めもしくはウォームアップの段階

　ここでの目的は、グループでセッションを成功させるために、有能なロールトレーナーはウォームアップの段階でどんなことを強調するかについて、ガイドラインを示すことである。

　ウォームアップの概念はロールの概念と密接に関連している。人が関与するいろいろな振る舞い方のどれも、ロールへのウォームアップと呼ばれる準備の段階から始まる。十分なウォームアップを生み出すことは、表現の適切さに影響を与えるので、きわめて重要である。人がウォームアップの段階で十分に意識的で、自信があり、リラックスし、思慮深いときには、人生における実際の振る舞い方もそうしたウォームアップを基に発揮され、その表現は目的を持って淀みなく流れるようなものになるだろう。

訳註[18]　トレーニングブックシリーズ3『*Living Pictures of the Self: Application of Role Theory in Professional Practice and Daily Life*』

第5章　ロールセオリー、ロールのアセスメント、ウォームアップ

　同じように、どのセッションの始めにも、準備もしくはウォームアップの段階がある。トレーニング・セッションでは、いつもトレーナーは、まさにそこにいるみんなが確実に健全なウォームアップができるようにワークする。トレーナーは焦点を分散させるのではなく、ひとつに集めるようにし、グループメンバーの能力が集中的に人生のあるひとつの領域に注がれるようにする。ここに示されるガイドラインは、グループのウォームアップに関することであり、これまで皆十分に試され吟味されてきたことである。

◎第1に、セッションの最初か早い時期に　そのセッションの性質と目的を明確にすること

　あるロールトレーナーは、セッションを開始するとき、たくさんのことの中に次のようなことを述べて、関心と関わり合いを強調した。

> **ディレクター：** 今夜の私たちの主な課題は、私たちが自分自身のために価値ある経験を生み出せるかどうか、そしてロールトレーニングを意義ある方法であなた方の人生に役立てることができるかどうか試してみることです。それは、あなた方と私自身の両方が勇気を持って実験してみることにかかっています。

　ワークに打ち込み、十分な知識を持っていると同時に、セッションが誰のためにもなると確信しているロールトレーナ

ーは、そのときグループの中で起きている他のやり取りともかみ合うように自発的に言葉を補いながら、目的について述べるような基礎ができている。自発的に述べることによって、トレーナーとグループとの間、そしてグループメンバーどうしの間の強いポジティブなつながりが作られやすくなり、生き生きとしたものになる。

◎第2に、セッションとグループメンバーとの
　関連性を構築しなければならない

　私が行う多くのセッションでは、私はセッションのとても早い段階でグループのメンバーの1人と対話をし、そのやり取りの間に、私はその人がこれから起ころうとしていることの重要性に目覚めるようにしている。ロールトレーナーとグループメンバーが生き生きとした会話をしていると、普通、他のグループメンバーも触発され、彼ら自身もそのセッションでこれから何についてワークするのかを考えているものである。これから示す例では、ロールトレーナーがグループメンバーの1人とやり取りを始めたところである。その対話は次のように続く。

ディレクター：	そうすると、ある意味で、あなたは援護者になることにウォームアップしていたのですか？
ジョン：	はい。人は葛藤解決に向けて立ち上がって当然でしょう。

第5章 ロールセオリー、ロールのアセスメント、ウォームアップ

ディレクター： なるほど。もう準備ができているわけですね。だから、もしどんな問題が現れても、あなたはそこで受けて立とうとしているのですね。あなたはいわば紛争調停者ですね。

ジョン： 小さな赤い消防車で火を消そうと準備してホースを持っている消防士です。

ディレクター： 私が思うには、あなたがそのようなウォームアップをすると、権威というものに焦点を当てていくことになりますが、そのことについてはあなたはこれまでにも話したことがありますよね。つまり、あなたはメアリーを勝者の立場に置き、ジルを敗者の立場に置こうとしているのですね。

ジョン： はい。

ディレクター： そしてあなたは守ろうとしている。

ジョン： そして仲裁しようとも。

ディレクター： しかも敗者の側についている。

ジョン： 最初はね。

ディレクター： 邪悪な大君主をここで負かすためにね。悪いメアリーを。

ジョン： そうです。だけど……。

ディレクター： そしてさらに言うと、あなたは彼らの両方がお互いに楽しみ始めている関係を発展させることにはあまりウォームアップしていなかったということですね。それは、そのことを捉え損ねてしまうために、あなたが人々の間にある親密さや楽しさの側面にあまりウォームアップしないということを意

味しますね。ですから、そういうときにはあなた自身のパーソナリティの性向のために、あなたの中にちょっと歪みが生じるかもしれないということも意味します。ということは、もしあなたがその部屋のグループリーダーをしているときには、あなたの中のその歪みもしくは歪みの可能性に気がついていれば、それは役に立ちます。そうすればその歪みを確実に修正できるでしょう。そうすると、あなたは、その関係の中にもっといろいろなものを見つけ始めることでしょう。それによって、あなたはもっと多くの考えや発想を持つことができ、その部屋全体にもっと柔軟性をもたらすことができるだろうと私は思いますが、理解していただけましたか？

ジョン： はい。とてもよくわかります。

ディレクター： やはり、ロールトレーニングの観点からすると、こういうことは全て私にとって大変重要なことなのです。というのも、ロールトレーナーとして私たちが最初にすべきことは、人々がいろいろな状況の中で実際どのように振る舞っているかを見て取ろうとすることだからです。そして、お互いのそうした経験と観察を基にして、ロールトレーニングのプログラムの中で何に一番焦点を当てたらいいかが初めてわかるのです。

　それで今夜は、あなたが、ほら、ここで現実の人生の場にいたのも同然の状況で、

第5章 ロールセオリー、ロールのアセスメント、ウォームアップ

そのようなアプローチをしてみたといってもよいでしょうね。つまり、その2人がコミュニケーションを始め、そしてあなたは実際に何かをしていたわけです。そして私は、あなたがしていることを観察し、座っている間にひそかに考え始めました。そして突然、掘り下げる価値のあることがここで起きているという考えが浮かびました。それで私は起きたことをドラマとみなしたのです。それから次の段階は、その演技に焦点を当て、あなたにとって焦点を当てることが適切であると同時に、それほどたいした苦労もなく何かをする新しい能力がからんだ領域を見つけられるかどうか試してみることでした。そして、あなたがそれに関連して何かできるような領域を私たちが素早く見つけることができれば、セッションの次の段階に進んでいけるのです。

　同じように、あなたについて言えば、あなたがより近づいたと私が気づいたときに、私はその瞬間をドラマとみなしました。実際あなたは彼女にもっと近づいていったんです。それから、あなたが探究するか、もしくはさらに成長することに関連のある領域を、私たち2人で明らかにするために、あなたと話し合ったのです。例えば、あなたが人と親しくなりたいこと、あなたは別な人に近づきたいこと、あなたはあなたの楽しさを表現したい、そして彼らにも彼らの楽しさを表現し返してほしいというよう

なことを私たちは確認しましたね。私たちはそういうことを発見しましたね。そして私たちは「自発的に人生を楽しむ人」ともいうべきあなたのそのロールが発達しつつあることを見出し、そしてあなたはもっと一生懸命成長しようとしていることもわかったと思います。私たちはうまくやったと思います。そして、ある意味では、あなたがそれに気づいて、自分自身のことをもうちょっと表現したことだけをとっても、あなたにとってはある意味でそれは完全なミニ・ロールトレーニングであったと言えるでしょう。

　言い換えれば、ロールトレーニングとは、瞬間瞬間に現れるいのちを扱うことであると考え、何が起こっているかを見極め、あなたの目的をさらに達成するために、あなたの振る舞い方のある特定な側面を伸ばすことを何か意識して行うことであると考えるときはいつでも、そうですね、それはミニ・ロールトレーニング・セッションだと言ってもよいでしょう。だから、それは達成されたのです。ですからその意味で、セッションをその観点から見ることができるのです。そう、みんな常にちょっとしたミニ・ロールトレーニングのワークをしていると言ってもよいのです。いつでも人々とミニ・ロールトレーニングのセッションをね。

　さて、そのように考えるのは良い方法だ

第5章　ロールセオリー、ロールのアセスメント、ウォームアップ

と思います。なぜなら、何かものものしい大きなセッションを待たなくても、あなたが実際何か価値のあることをしていると思うことはできます。あなたはほとんどいつでも、何か価値のあることを生み出すことに参加することができるのです。そしてあなたが今夜のうちに何度も何かを成し遂げているということを自分自身でも理解できるし、グループもそしてグループリーダーも理解できます。そのひとつのセッションだけをして、「おや、大変。このセッションで何かやらなくちゃあ」なんて考える必要はないでしょう。それは、全ての卵をひとつのカゴに入れるようなものです[19]。だからかなりのプレシャーになるでしょうね。私の言っていることがわかりますか？

　だからあなたの場合も同じです。あなたが何か行動を起こしました。あなたは実のところはすぐに彼女に尋ねはしませんでした。それが実は最初のドラマでした。それからあなたはそのことに焦点を当てて数分間話し、それを再度行いました。ですからそれが再演なのです。

ジル： 私は5時半に約束があって、それはとても簡単に済むだろうと思っていました。とてもショックな結果に終わったので、そのことが一番気にかかっていました。私は内心思っていました。今夜は行けない。だって

訳註[19]　ひとつのことに全てを賭けること。

本当にショックで、しかもまったく個人的なことを抱えているんだもの。そして、あなたがそのことについて話したとき、つまりあなたのウォームアップについてですが、私はね、本当にほっとした感じがしました。そして私は本当にあなたと繋がっていると感じました。なぜなら、たとえあなたがウォームアップしていることでも、あなたが抱えているものはグループに持ち込むことはできないと考えていましたよね。私もここに来る途中で、そんなふうに思っていたからです。私は思いました。これは、大きすぎる、と。そして、グループはもう始まっていました。というわけで、私は実際興奮して熱くなるようなウォームアップをしていたんです。私はそれを強く身体で感じていました。心臓がドキドキして、口は渇き、お腹はゆるんでくるようだったのです。それを強く感じていたのです。そしたらディレクターが、ジョンがウォームアップしていることについて話していたときに、……そう、ロールを明らかにすることができるという話ですが、私にはジョンのロールが何なのかわかりませんでしたが、とにかくそうしたロールがそこにあったのです。そしてそれらに名前をつけることができるということもです。そのロールをくまなく見て、そしてそれらを発展させ、そして判断することができるということです。本当に弱々しいものでもよく見て、それらに

第5章　ロールセオリー、ロールのアセスメント、ウォームアップ

> 発達するチャンスを与えるということです。そういったこと全てに私はすっかり興奮してしまいました。私はそのことにウォームアップし始めました。それから、さあみんなそろったね、とあなたがジョンに話しかけ、ここに来て主役ができるということを私たちは皆わかっているし、ここに何を持ってきても、私たちは皆協力的になるとわかっていると言いましたね。それを聞いたとき、私は本当に素晴らしいと感じました。これこそは私が望んでいるものだと思いました。私はここに何でも出せますし、皆が協力してくれると思います。私も皆さんに協力するでしょう。皆さんが何を言ってもかまいません。それから私は本当にそのことにウォームアップして、かなり身体が暖かくとてもソフトになるのを感じました。そしてジョン、あなたが私に尋ねたとき、なぜ私がここに来たのか興味があると言ったとき、私はあなたに見落とされていたと思っていたので、なんだかほっとしました。

ある人とこのようなやり取りが発展したことが、他の人たちにも広がっていった。そのもうひとつの例がある。それは次の通りである。

ディレクター：　あなたに本当の興味を抱かせたのはそのことだったのですね。

ジェーン： そうです。

ディレクター： あなたが広がっていくという感覚ですね。つまりあなたが成長しているという感覚ですね。

ジェーン： ええ。それから私にはそうする力が備わっているという感じがあります。私が自分自身をもっと大きくできるという感じです。

ディレクター： それは良いことですね。たぶん、最後にあなたがちょっとためらって、私から距離をとっているときだと思いますが、そのときのあなたは何をしているのでしょうか？自分の言ったことが本当に言いたかったことなのかどうか確かめているのですか？

ジェーン： 話しながら確かめていると思います。これまでそういうことをはっきり言ったことがなかったので、話しながらちょっとチェックしているのです。

ディレクター： なるほど。だからあなたがチェックしているときには、たぶん、あなたの中で確認するようなことが起きるのではないかと気がつきました。というのは、あなたがチェックした後は、多少迫力を増してさらに話しますよね。だから、あなたはチェックしては確かめているのですね。「それは私が言いたいことかしら？」「そういうことを言うつもりなのかしら？」そんな感じですか？

ジェーン： そうです。

第5章 ロールセオリー、ロールのアセスメント、ウォームアップ

ディレクター: それからあなたはちょっとチェックするたびに、私から少し遠ざかりますね。そのときあなたは自分ひとりになっていますね。

ジェーン: はい。

ディレクター: あなた自身のことを考えながら、あなた自身の観察をしているような感じですね。そしてまた私と合流できるのです。

ジェーン: 私がしていることは、まあ、そういうことでしょうね。

ディレクター: よろしい。ジョン、あなたは今夜何にウォームアップしていますか?

ジョン: 僕のウォームアップですか?

ディレクター: ジェーンがたった今言ったことでウォームアップが広がったり高まったりしていますか、それとも……。

ジョン: ええと……。

ディレクター: 先週はここにいなかったジルが今夜はいますが、それで何か変わりましたか?

ジョン: 広がるということそのものに、僕はウォームアップしています。ジェーンがそのことを話して、それについてコメントされました。そうですね、ジルが今夜ここにいることが僕のウォームアップを助けてくれました。

ディレクター: どんなふうに?

ジョン: なぜなら、僕は彼女のことを知らないからです。だからそれは未知のものです。

ディレクター： なるほど。

ジョン： だから恐れも出てきています。「この人は誰だろう？」と。

ディレクター： あなたが彼女を見ているとき、あなたは興味を抱いて、好奇心のようなちょっと期待しているような感じに見えましたが、そんな感じですか？ 何かが起こりそうな、そんな期待感が？

ジョン： 期待しているといえば確かにその通りです。

ディレクター： だとすると、そうした恐れとは別なものがみんなそこにあるのに、わざわざ恐れのことを言わなければならないのはなぜですか？

ジョン： ああ、そうですね。

ディレクター： というのは、あなたが彼女を見ているとき、私には恐れなどまったく見えなかったからです。私が見たものは、あなたが夢中になって興味を抱いている姿でした。ですから、その恐れは今あなたの中にあるものですか、過去にあったものですか、これから出てくるものでしょうか？

ジョン： 僕は今夜、その恐れを持ってきたんです。

ディレクター： 恐れを持ってきたんですね。ジルが来ることを知っていたからですか、それとも？……

ジョン： いいえ。あなたの本を読んでいて、今日の午後ちょうど読み終えたのですが、その主役の問題はいかに権威的な人物に対処する

> かということだったのです。
> **ディレクター：** そう！
> **ジョン：** それで僕は頭の中で上司との関係をあれこれと考えていたのです。
> **ディレクター：** 先週話していた人のことですか？
> **ジョン：** そうです。僕をクビにした人です。
> **ディレクター：** わかりました。
> **ジョン：** それで、僕がまだそのことにひっかかっているので、時々権威的な人物に恐れを抱くのです。彼らがすぐ僕を不当に責めたり評価することがね。
> **ディレクター：** そうすると、彼らがあなたのことを評価しようとしているんじゃないかと思うときに、あなたには特別な気持ちが湧いてくるというわけですね。そうではありませんか？

◎第3に、学びを促す雰囲気を作る

このことを達成するためには、言えることやできることがたくさんある。あるロールトレーナーが述べた次のような言い方は、学ぼうとする気持ちをさらに強くした。

> **ディレクター：** さて、これは私の考えなんですが、私は皆さんが知っていることや学びつつあることを日常生活の中でも応用できると考えたいのです。明日でも、今夜でも、あるいは来週でも。すぐにですよ。できるだけ早くね。

学ぼうとする気持ちを喚起したもうひとつのやり取りをここに示す。

ジョン：	それで、僕はその恐れをどうしてよいかわからないのです。
ディレクター：	なるほど。そうですか。
ジョン：	この部屋にはふさわしくないものを僕は持っているのです。あるいは、この部屋にいる他の人たちには関係のないことかもしれません。そういうことを抱えているのです。
ディレクター：	私たちはこれからお互いを尊重し合って、お互いに学び合おうという気持ちになっているところですから、きっとそれはこの部屋の人たちにも関係することでしょう。私たちは経験に基づく学び方をしようとしているので、そこであなたは主役にもなれますし、どんなことでも分かち合えます。そして、グループとして私たちはあなたの補助自我になったり、また誰かがあなたをディレクトしたりして、あなたと一緒にいようと努めると思います。ですから、その意味で、あなたがぞっとする恐れとか、予感のようなものを抱いているという事実があればこそ、それをこの部屋で取り上げるためにこのやり方があると言ってもよいでしょう。あなたは、上司やたぶん他の権威的な人物を思い浮かべると、いわば自分を悲観論者に仕立てあげるんでしょうね。です

> から、それがあなたのウォームアップ、あるいはウォームアップの一部ということですね、どう？ そんな気持ちを抱いてここに来たのですね。あなたは権威主義的な人物のことを本で読み、「そうだ、自分を成長させるためにワークできるものがそこにあるぞ」と思ったのですね。それはとてもいい。

◎第4に、皆に課題を与え、しかるべきやり取りを起こし、教育とコーチングを通して皆の焦点をより鮮明にする

　より鮮明な焦点を見出すことにいつも役立つことのひとつとして、ロールトレーナーはグループメンバーが取り上げたことを基に進めてゆくということがある。次にあげる例では、あるグループメンバーの発言をロールトレーナーが直ちに取り上げ、それを発展させている。

> **メアリー：** 私はそのことは大胆さということと関係があると思っていました。そして、たぶんそれはどこかでその方向につながっていくのではないかと思うのですが……。だから私はそれと関連することを見つける必要があるのです。そしてそれをその場面と結びつけます。私がここに来た理由のひとつは……ああ、いやだ、私は飛び込み台の上に立っているんですね。行ったり来たりしながら本気になってこっちにジャンプしたり、

また次の週は……飛び込み台の上でつま先がもう先端に乗っかってふらついています。これはあまりいい気分ではありません。それで、かなりフラストレーションがたまっています。だから、実際私が友達と一緒にいるときに……飛び込んで実際ずっといい気分になるのはわかりますが、自分自身をそうさせるのは……時々、ちょっと怖いものがあるとも感じています。それは昔からあるあがきです。飛ぶのは怖いと思い込んで人生を過ごしているようなものですね。でも本当に怖いものかという確信はないのですが。でも私はまだそういう気持ちが抜けないのです。飛び込み台から降りる必要があるのです。

ディレクター： なるほど。話をしながら、今夜のあなたのウォームアップが何かというヒントを私たちに教えてくれましたね。ちょうどジェーンやジョンがウォームアップしていることを語ってくれたように。あなたが今夜ウォームアップしている大事なことや、今夜のあなたの目的が他にも何かありますか？

メアリー： 私がかなりその気になっているのは、ロールトレーニング・セッションで主役をやりたいということです。ジルがここに来たとき、私は前からいたので、今までとまったく違う感じがしました。私はぜひ確かめてみたかったのです。私は彼女の目的が何なのかはっきりさせたかったんだと思います。

> ジルも仲間だと感じられるように。
>
> **ディレクター:** いいですね。素晴らしい。そうすると、あなたはロールトレーニング・セッションをしたいということが非常にはっきりしているわけですね。先週からそのウォームアップをずっと持ち続けているのですね。しかも、あなたはジルがなぜここに来たか、どうしても知りたいのですね。ジルのウォームアップはどんなものなのか、そして、彼女はあなたがすることに参加してくれるだろうか、と。そんな感じですか?

ロールトレーニング・セッションで焦点を絞っていくもうひとつの例がある。

> **ディレクター:** あなたはそこで何を考えているのですか?
> **カースティー:** 私ですか? 私はとてもうれしいです。
> **ディレクター:** なるほど。あなたは片方に首を少し向けてちょっと笑いましたよね。私を見ているわけでも、グループの他の誰かを見ているわけでもありませんでした。それはうれしさを表すあなた特有のやり方なのですか、ちょっと首を横に向けるのが。あなたの微笑みは美しいですね。あなたは何か言うとき少し恥ずかしいのですか、それとも、周りを見回して他の人みんながしていることを見てみようとウォームアップし始めているのでしょうか?
> **カースティー:** いええ、いええ、まだです。

ディレクター：	まだということは、もうすぐ？
カースティー：	私は別のグループが見えていました。
ディレクター：	ああ。そうするとあなたは実際にはそこで別なグループを思い描いていたのですね。他のグループとは？
カースティー：	この相談グループです。それから別なロールトレーニングのグループも想像しています……。
ディレクター：	なるほど。
カースティー：	あなたがグループについて語っているとき、私は思い起こしていました。
ディレクター：	なるほど。それでうれしくなっているわけですね。
カースティー：	そうです。
ディレクター：	そういったいろいろなものを思い出しているのですね。サム、あなたには何が起こっているのか、言葉をつけてみてくれませんか？
サム：	僕はスザンヌを見て楽しんでいました。
ディレクター：	あなたはどうですか？
カースティー：	私はあなたが言ったことを考えていました。いうなれば、ただ考えていただけです。構造全体がわかってうれしかったですが……。
ディレクター：	あなたはその構造が好きなのですね？
カースティー：	そうです。好きです。

◎第5に、評価基準を設ける必要がある

ロールセオリーは最もよい評価基準を提供する。次の例では、ディレクターはロールセオリーの言葉を用いて、グループメンバーをもっと十分にグループに入り込めるように促している。

> **ディレクター：** ですから、あなたは芸術的にすぐさま場面を作るようなことにはウォームアップしていませんでしたね。ディレクターとしてのあなたのロールにはあまり関係がない、主役との関係のことにウォームアップしていたように思います。それで私は、あなたが自分自身の中の不調和か不一致のようなものに気づいていたかどうか、そして、そうしたロールの葛藤を解決できるようにロールトレーニング・セッションをしたいかどうかを考えてみるとよいだろうと、内心思っていたのですが。
>
> **ジェーン：** 私はロールトレーニングの考え方にとてもウォームアップしています。ひとつは、あなたがどんなふうにそれに取りかかるのかということです。私は実際サイコドラマについて読み始めました（これはこの２年の間で初めてしたことです）が、私はとてもサイコドラマの考え方に夢中になりだしました。実際、私が夢中になっているのは、ロールとは何なのか、モレノがロールをどう考え、どう説明しているかを知ることで

> す。なぜなら、私は実はこれまでずっと間違った考えをしてきたと思うからです。モレノがそれをどう言っているか、そしてこれは私の考え方ですが、ロールとは、つまり、自己の一部なんです。それは空想の産物ではありません。それは実際に自己を作っているものです。私はまさにその考えが気に入りました。自分のロールを発達させることができ、しかるべきロールを発達させることができるようになるという考えが、私は好きです。そういう考え方が気に入っています。
>
> **ディレクター:** ですから、もしあなたが自己と関連するロールのことを考えていて、新しいロールを発達させるなら、そのときあなたはこう思っているでしょうね。「私は自分自身を発達させているだろう」と。

◎第6に、ロールトレーニング・セッションに適した人生の側面にウォームアップしている人々を見つけ、その人々にグループをウォームアップさせること

このことは、すでに取り上げた例の中で示されている。

ある人がロールトレーニング・セッションの中である側面を発達させたいという興味を示したとき、そしてグループのメンバーもそのテーマが理由で、またはその人とのソシオメトリー的なつながりが理由でそのテーマに興味を抱いたとき、そしてロールトレーナーとの合意ができたとき、セッション

第5章　ロールセオリー、ロールのアセスメント、ウォームアップ

のウォームアップの段階は終わる。

第6章

場面設定と技法の使用

この章の目的は、場面設定の方法と出来事の正確な描写を演出する方法を示すこと、そしてさまざまな技法の使い方を論じることである。

　次のセッションの記述でわかるように、場面を演出する方法は、他の状況、例えばソシオドラマ[20]の中で使われる方法と同じである。これから取り上げるセッションでは、まず特定の状況へのウォームアップがあり、舞台の上にその状況を視覚化し、その場面における対象物に焦点を合わせ、そして定められたアクションスペースにその対象物を設定する。これは、セッションのディレクターが指針と的確な指示を与え、ディレクターと主役が良好な関係を作り続けながら、主役とグループとの間に良好な双方向の関係ができた結果生じるものである。次に取り上げるセッションでは、主役はとてもよくウォームアップしていて、彼は場面に必要な椅子を素早く取って、舞台のふさわしいと思う場所に置く。

　場面を描きあるいは視覚化し、つまり椅子を置きながら身体を動かし、ディレクターと対話し、そして置かれた対象物をさらに見る結果、主役はもっとウォームアップする。

　次に、そこにはいない人の役割を演じる人をグループから選ぶ。これは歯切れよく行う。そこにいない人に選ばれた人は、主役が指示した椅子に座る。ところでこのメンバーたちを私たちは補助自我と呼ぶ。というのは彼らは、自分たち自身に注目を集めるのではなく、求められたことをして、主役

訳註 [20]　ソシオドラマ sociodrama：集団と集団の間の問題を探求するドラマ的方法。

が場面をドラマにするのを助ける役割をするからである。こうして、主役は場面の焦点からそらされることがない。

　セッションの記録の次の部分は、場面のドラマ化をいつ始めるべきかを見定め、そして場面のさまざまな人がそのときに何をしているかを正確に見定めることである。これによって、主役やグループはもっとウォームアップしやすくなる。主役は出来事や、そうした出来事に反応した自分自身の経験にも、もっとずっときめ細かく気づくようになる。過去の状況はますます今ここでの状況になる。

　それから、私たちは、主役が自分にとって意味ある人のロールを演ずることを求められるのを見ることになる。ディレクターは、主役がこの人のロールに十分入れるように主役にインタビューする。これは、実体験そのものにできるだけ近いやり方で場面が演じられるために必要なのである。この意味ある他者のロールに入って、主役はグループメンバーからその人の両親のロールを演じる人を2人選ぶ。私たちは、その両親がお互いに言い争っているのを見る。

　このドラマ化の間、主役は自分の両親が喧嘩しているのを思い出して無力を感じる。ディレクターは、ここで最初のドラマ化を閉じる。

　その場面の演出の記録を次に示す。

場面の演出の記録

主役： 　さて、私はそこでパートナーと話しをして

いて、私の中にこみ上げてきた悲しみを伝えていました。以前には、私が言いたい考えやアイデアやものごとが浮かんで来ても彼に何かを言うとか行動で表すとかはしないで、私はただそのなりゆきをうかがっていたものですが（ヒューとため息をもらし、大変気にかけている）。

ディレクター： どんな状況で？

主役： ここです。まさにここです。

ディレクター： ここですね。

主役： ええ。まさにここです。

ディレクター： 今晩ここで起きたのですか？

主役： 今晩、ここです。しかし、たぶんもっと強く感じたのは、金曜日のトレーニンググループでの私がワークをしているときにです。

ディレクター： では、そこがトレーニンググループです（アクションスペースを指して）。そして椅子を舞台の上に置いてみたらどうでしょうか？　それがトレーニンググループの人が座っている椅子になります。その後、トレーニンググループのメンバーになってくれる人を選んでください。そして、トレーニンググループで起きることをドラマにします。あちらにも椅子がありますし、こちらにも椅子がありますから、それで十分ワークができるでしょう。

主役： はい。（椅子を動かす）

ディレクター： さあ、みんなに見えるように舞台を作って

第6章　場面設定と技法の使用

　　　　　　　　　ください。そうするために、ちょっとあなたの向きを変えてください。
　　　　　　　　　　このドラマでは、皆さんの注目をある程度集める必要があるでしょう。そしてそれが皆さんにとって素晴らしいセッションになればいいなと思います。また皆さんがそこから何かを得られればいいなと思います。さて、これが行われているとき、皆さんは観客としてどんなふうに参加できるのかを確認しておきましょう。皆さんが参加できる方法にはいろいろあります。そして十二分に参加してほしいと思います。というのは、それはグループメソッドだからです。しかし、主役が一切中断されずに自分の出しものを演じたいと思うことも時々あります。そして私たちはそのときがいつかを敏感に見てとれたらいいと思います。それから、彼がみんなに必ず中断してほしいと思うこともあるでしょう。そのときは彼はどんどん中断してほしいと思っているでしょう。それで、ここはどこですか？

主役： それは実際は、向こうのあの辺にあって、最前列が……。

ディレクター： ちがう、ちがう、ちがう。あなたは向こうにその場面を作りたいと思っているでしょうが、実際はここに作ってください。あなたはここのどこにいますか？

主役： オーケー。私たちはトレーニンググループでワークをしています。

ディレクター：	半円形のような形で座っているんですね。そして2、3個の椅子が、あなたの前に出されているんですね。
主役：	その通りです。ええ。あの椅子、黄色いのが、ロールプレイをしている主演者です。
ディレクター：	主演者を誰にしますか？
主役：	誰か……（その人として選ぶ人に話しかける）この人になってくださいますか？
ディレクター：	（選ばれた人に話しかけて）はい、来てください。
グループメンバー：	主演者ってどういう意味ですか？
ディレクター：	ちょうどそこに座っている人です。あなたはここに座ってください。
グループメンバー：	いいでしょう。
ディレクター：	あなたがこのグループの主演者です。
グループメンバー：	オーケー。
ディレクター：	（主役に向かって）誰がここにいますか？（別の椅子を指して）そこに誰かいますか？
主役：	それは、ロールプレイのリーダーです。
ディレクター：	この人になる人は誰ですか？ ロールプレイのリーダーになってくれる人を誰か選んでください。
主役：	はい。カールです。
ディレクター：	オーケー。あなたはこちらに座っているのですか？（別の椅子を指して）
主役：	はい。

第6章　場面設定と技法の使用

ディレクター：	よろしい。あなたの隣にいる人は？　こちらのこの椅子に。
主役：	ああ、たぶん、あなたです。（1人のグループメンバーを見て）あなたの名前は何でしたっけ？
グループメンバー：	私？　アンよ。
主役：	アンね。ここに来てくださいますか？
ディレクター：	ここには誰がいますか？（別の椅子を指して）
主役：	はい。あなた、こちらに来てください。

（別のグループメンバーが来て座る）

ディレクター：	すごくいいです。この他の2つの椅子にも誰かを座らせたいですか？
主役：	ああ、はい。クリスは向こうのあの椅子に、それからあなたの名前がわからないんですが。
ディレクター：	バリーです。よろしい。オーケー。さあ、あなたはこのグループにいて、どうやら何か起きているようですね。実際、このドラマはどこから始まるんですか、あなたにとって重要なところは？
主役：	ええ、そうですね。ロールプレイ中のこの人が、自分にとって明らかに重要なことをしている段階に来ています。
ディレクター：	わかりました。
主役：	それは重要です。しかしある意味で、彼女

	というか、えーと、全場面が壊れそうな感じ、と言ってもいいです。
ディレクター：	壊れそうな。
主役：	ウォームアップが本当に壊れそうに見えます。だから、何か場違いなことを言うと、全てのことが壊れそうです。
ディレクター：	おや、まあ、何ていうことだ！
主役：	前に、このような夢を見たことがあります。
ディレクター：	じゃあ、この人は実際何をしていて、リーダーはたった今何をしているんですか？
主役：	リーダーは、この人のロールプレイをしています。
ディレクター：	何をしているんですか？
主役：	ああ、立ち上がろうとしていると思います。
ディレクター：	（リーダーのロールをしている補助自我に向かって）立ってください。
主役：	リーダーは、えーと、ドラマの真っ最中のこの人と話していると思います。
ディレクター：	主演者はドラマの真っ最中なんですね。
主役：	ドラマの真っ最中です。
ディレクター：	主演者は何をしていますか？
主役：	ああ、主演者は両親のことについて話しているかもしれません。彼女はたぶん両親を舞台に登場させていたと思います。
ディレクター：	彼女は両親を舞台に登場させたんですね。主演者と役割交換してください。はい。（そ

れから補助自我に向かって話す)こちらに来てください。(次に今はロールプレイ上の主演者のロールになっている主役に向かって)あなたはどうも両親をこの舞台に登場させる必要があるようですね? 両親をグループから選んでくれませんか?

ロールプレイ上の主演者としての主役: あなた、お母さんになってくれますか? それからあなた、お父さんになってくれますか?

ディレクター: よろしい。では、あなたはお父さんとお母さんをここで選びましたが、2人はどこにいますか?

ロールプレイ上の主演者としての主役: (補助自我の位置を確認して)うーん、お母さんは、はい、それでだいたいいいです、今の位置で。

ディレクター: うん。

ロールプレイ上の主演者としての主役: そしてお父さんはこのもっと後ろです。(補助自我は言われたように立つ)

ディレクター: あなたはお母さんとお父さんと一緒に何をしているのですか? 両親と一緒にいるのが辛いんですか?

ロールプレイ上の主演者としての主役: ええ、そうです。2人は喧嘩しているみたいです。

ディレクター: 2人は喧嘩しているのですね? どんなふうに喧嘩しているのですか? お互いに怒鳴り合っているのですか? 口論しているのですか?

ロールプレイ上の主演者としての主役： うーん、はい。お父さんはお母さんを精神障害者呼ばわりしていて、彼女はおかしい、狂っている、自分のしていることがわかっていないと言っています。

ディレクター： （父親役に選ばれた補助自我に向かって）進めてください。

父親役の補助自我： お前はおかしい！ 自分のしていることがわかっていない。狂ってる！

ディレクター： あなたのお母さんは何をしているんですか？

ロールプレイ上の主演者としての主役： 彼女はただやり込められているだけです。

ディレクター： 彼女はやり込められているんですね。

ロールプレイ上の主演者としての主役： しかし、彼女は少し怒っていて、降参していない部分もあります、しかし……。

ディレクター： あなたはここに座って何をしているんですか？（次に父親役を演じている補助自我に向かって）続けてください。

父親役の補助自我： お前はおかしい！ いったい何をしているのだ？ お前は自分のしていることがわかっていない。狂ってる！ おかしい。

ディレクター： （ロールプレイ上の主演者の役を演じている主役に向かって）ロールプレイのリーダーと役割交換。（それから全ての補助自我に向かって言う）始めて！

父親役の補助自我： お前はおかしい！ 狂っている。お前

第6章　場面設定と技法の使用

　　　　　　　　　　　　は自分のしていることがわかっていない。
母親役の補助自我：　お願いだから……。
父親役の補助自我：　いったい全体、何をしているんだ？
母親役の補助自我：　お願いだからそんなことを言わないで。
父親役の補助自我：　狂ってる！
母親役の補助自我：　そんなこと言わないで。
ロールプレイ上のリーダー役の補助自我：　そこにいる子供のあなたには何が起きていますか？（沈黙がある）
ディレクター：　役割交換。
補助自我：　そこにいる子供のあなたには何が起きていますか？
ロールプレイ上の主演者としての主役：　スイッチを切っています。
ディレクター：　（主役に向かって）なるほど。では、あなたはこちらに来てください。あなたはここでは自分自身です。（次にいろいろな補助自我に指示をして）あなたは主演者になります。そっくり真似て演じます。あなたから切り出して始めてください。どうぞ。
父親役の補助自我：　お前はおかしい！　狂っている！　自分のやっていることがわかってない！　いったい全体何をしているんだ！
ディレクター：　（主役に向かって）ここで止めてください。頭を片方に回して、心の中に起きているあなたが言ってないことを声に出して言ってください。

主役： （わきぜりふ[21]をしながら）まあ、似たようなことが起きると腹の中では関わりたいような気持ちが起きるけど、怖いからただいるだけ、関われない、僕はいてただ見ていようと思うだけ、見て、ただ見ていて、もう少し後になったら関わるようになれるかもしれない。（彼は気が動転している）

ディレクター： （補助自我に向かって）さあ、続けてください。

父親役の補助自我： お前はおかしい！ まだわからないのか！

ディレクター： 今あなたには何が起きているのですか？

主演者の役を取っている補助自我： お願いだから止めて、喧嘩をやめて、争いはやめて。2人は狂っている。

母親役の補助自我： 精神障害者呼ばわりしないで。

父親役の補助自我： その通りじゃないか！

主演者の役を取っている補助自我： どうしたらいいか、わからない。

母親役の補助自我： 精神障害者呼ばわりしないで。

父親役の補助自我： 精神障害者め！

主演者の役を取っている補助自我： 無力感を感じるだけ。どうしたらいいかわからない。親が喧嘩していると、僕はただ引き裂かれた気持ちになるだけ。

ディレクター： 今、あなたに何が起きていますか？

主演者の役を取っている補助自我： 今は、ただ両親との間

訳註[21] わきぜりふ Aside：p.147参照。

> で引き裂かれた気持ちでいるだけ。お母さんのことを狂っていると言っているお父さんは嫌いだ。

（見ている主役はとても巻き込まれていて、強い感情を経験し、そしてたくさんのことを考えているように見える）

> **ディレクター：** よろしい。ここで止めましょう。皆さんに大変感謝したいと思います。自分の椅子を持ってそちらに移ってください。どうもありがとう。

（椅子と人が動く）

> **ディレクター：** さて、私の考えでは、ドラマはそれで十分だと思います。他の場合ではそれじゃ足りないこともありますが、この場合は十分だという結論を下しました。ですから、あなたはそちらの椅子を持ち、私もひとつ持ち、ここに座って何が起きたかを話し合うことを提案します。

◎まとめのコメント

最初のドラマ化のこの記録は、主役に関連した出来事の中で起きていることを正確に表現させているロールトレーナーを描いている。本シリーズの既刊書『*Directing Psychodrama*』（サイコドラマをディレクトする）の中には、

別の場面設定が述べられている。そこには、演出技法に関する良い方法が他にも載っている。

技法の使用

数多くのサイコドラマの標準的な技法があり、世界中で行われているセッションの中でその価値は証明されてきた。すでに論じたミラー技法は、気づきの拡大をもたらすことに役立つ。そして人が自分の行動をミラーしてもらうと、その後では必ずと言っていいほど、もっと適切な仕方で振る舞うようになる。すでに述べたセッションの中で、役割交換という技法が使われた。それによって、Aという人がBという人の立場に、Bという人がAという人の立場に身を置こうと努める。役割交換から生じる恩恵は多い。役割交換をするたびに、それぞれの人は反射的に相手がしたことをミラーしている。その結果、気づきが高まり続ける。人が他の人のロールを取れば取るほど、たくさんの学びが起きる。人は、他の人がどんなことを経験してきたかを発見して驚くことが多い。そしてその新しい認識の結果、思いやりがもっと深まり柔軟になることが多い。その上さらに、人は突然自分の振る舞い方をやめ、他の人の考えや感情や行動のパターンを取り込み、しかもこれを繰り返すことによってもっとずっと自発的になる。つまり、役割交換は社会化と適切な機能を働かせるための道具である。私たちはまた、すでに述べた最初のロールトレーニング・セッションで具象化（Concretization）の技法

を見てきた。主役は、最初に彼女が言っていた補助自我を怪物に見えるように彫刻する。それから、彼女自身がそのロールを身体的・情緒的・知的にリアルに経験するように自らその怪物になって表現する。すると補助自我は、そのロールをもっとずっと感情を込めて本物らしく演じることができる。具象化の結果、気づきがより増し、動機づけが高まる。さらに私たちは、ディレクターがその人にロールへのインタビューをして、その結果人をそのロールのいろいろな側面にウォームアップさせ、そのロールに入った自分を感じさせ、そのロールを正確に演じるようにさせるのを見てきた。

　まだ触れていない他の技法としては、わきぜりふ（Aside）、独白（Soliloquy）、ダブリング（Doubling）、モデリング（Modeling）、最大化（Maxmization）が含まれる。わきぜりふは、人がその時点で表現していないことを何でも宇宙に向かって自由に表現することである。

◎わきぜりふ

　トレーニング・セッションの中で、あるいはドラマ化の間に、人は頭を片方に向けて、言ってないことを何でも声に出して言うように勧められることがある。わきぜりふの中で言われたことは全て、それ自体独立して扱われることが重要である。あらわになった内容は質問や議論の対象にされることはない。それは、主役の個人的な世界であり、そのまま尊重されなければならない。人がわきぜりふにおいて進んで個人的な考えを表現する理由は、結局それについていかなる種類

の議論もコメントもされないとわかっているからである。

◎独　白
　独白は、人の考えや経験を中断されることなく持続してある時間、自由に表現することである。独白をするために、歩きながら心に浮かんだことを何でも声に出して表現することが求められるかもしれない。独白は、主役がロールトレーニング・セッションでたった今した新しい行動を自分で振り返るのに価値ある助けになる。主役は、自分が演じた役員会議の運営をとてもうまくできたとしよう。そして今、この新しいやり方で自分を表現できた驚き、結果に対する心配、とうとう清水の舞台から飛び降りることができた喜び、そしてこのやり方をこれからも続ける決意をしていることなどを独白する。こうしたことを主役が言葉や行動によって表現して、独白は終わる。

◎ダブル
　ダブリングは、1人の人がもうひとりの人になろうとすることである。トレーニンググループでは、1人の人がもうひとりの人のそばに座るか立つかしてダブリングをする。ロールトレーニング・セッションではダブルは、主役のそばにいて、そのもうひとりの人の経験に入ろうと試みる。これは、身体的に同じ姿勢を取り、ダブルをされる人と同じやり方で行動することによって行われる。ダブルは、始めは他の人の振る舞い方を正確に描く。それによってその人に次第に受け

止められるようになる。ダブルが受け入れられた後では、ダブルは、もっと進んで自由に表現することが可能になり、対話によって主役がどんなふうになりたいと願っているか、主役が何をしたり言ったりしたいと思っているのか、主役の人生の目標は何かを探求することが可能になる。主役が自信を強めたいと思っているとき、ダブルは、物理的に存在するだけで主役の振る舞い方は適切であると承認することができる。ダブルが主役と同じ言葉、感情、そして行動を表現してみせることによっても承認は起きる。主役は、直ちに自分自身の表現がミラーされて返ってくるのを聞いて、自分が聞いていることや自分がまさに言ったことに満足し、自分の表現を疑う古いパターンを破り、取り消そうとする。こうして、自信に満ちた流れるような表現力を主役にもたらすことによって、ダブルは永続的な強い力になりうる。ダブルはまた、葛藤に関わる1つないしはもっと多くのロールを主役の経験とかみ合うように表現して演じることによって、役割葛藤の解決に役立てることができる。創造的なタイミングの良いダブルの表現によって、葛藤の正確な特徴がさらにずっと明確になるかもしれない。そして主役のやる気の方が高まるかもしれない。そしてダブルは、主役が人生そのものの中の困難な状況をもっと扱うことができるようなロールテストを提供できるかもしれない。

◎モデリング

モデリングは、主役が描いている状況の中で、幾人かの

違ったグループメンバーが、自分たちならその状況をどのような方法で生きるかを演じてみせることである。これが最もうまくゆくのは、グループメンバーがその特定の状況を他人事でなく感じるようになったときである。そうなると彼らの表現は、自分の価値観を示し、自分の精神的能力や感受性の表現を含んだ本物になる。実際にモデリングをする個人の振る舞いは、主役を助けるためではない。助けるのは副産物ではあるが。モデリングをする人の振る舞いは、自分自身にウォームアップすることであり、自分の考えやドラマ中の自分の身体的、感情的反応を含む自分自身を経験することである。そして、最善を尽くしてその状況に反応することである。モデリングをしている人たちの自発性は、ディレクターと一緒に観察している主役の中により高いレベルの自発性を引き起こす。モデリングしてもらった中には、観察している主役が共鳴する部分もあるが、拒絶する部分もあるし、中立的な部分もある。一般的に言って、観察している主役の古いパターンは刷新される。

　グループメンバーがその状況を個人的にどのように扱うかを実演した後に、今度は主役がその状況に入って自分を表現するように促される。必ず主役は、活力と適切さをより増してその状況を扱うものである。ほとんどの主役は、他のグループメンバーが誠実に関わった結果築き上げられた連帯感から恩恵を受けたと報告する。多くの主役は、自分の価値観を改革した部分があると報告する。

◎最大化

　最大化は、ロール全体あるいはロールのある要素を、人がその時点で持っている能力の最大限まで表現することである。このようにして、人は、ロールトレーニング・セッションの間に、これまでしてきたひとつの特定の動きを誇張するように、あるいは中途半端な形で表現されている考えをできるだけ完全に表現するように促されるかもしれない。ディレクターは主役に、「考えていることを最大限まで表現するのはいい考えですよね」とか「宇宙全体に聞こえるように大声で表現するのはいい考えでしょう」などと言ってもよい。それからその点についての同意を得た後、ディレクターは、主役にしていることをもっとやるように、あるいはもっともっともっと大きく動くように、あるいはもっともっともっと大きな声で言うようにと促してもよい。

　最大化の価値は、人がかつては不可能だと思っていたことができているとたびたび発見することにある。自発的な状態にもっとずっとウォームアップし、その結果柔軟性が高まり、古い問題や葛藤から抜け出し、人生を自分の手に取り戻す状態に入ることができるようになる。通常、内的な価値の中枢が大いに発達する。人は、探求者あるいは科学者としての振る舞い方を大いに発達させる。これは、最大化のワークに入ることによって人は古くてなじみのあることを離れ、新しい領域に入るという事実の結果である。最大化はたいてい、主役がある特定の新しいやり方を明確に取るようになった後に使うとよい。これによってディレクターは、主役の新しい表

現が彼らの価値観や述べられた目的と一致するようにコーチしやすくなる。最大化は葛藤の解決を助ける技法のひとつである。それはまた、ロールトレーニング・セッションを終結する際に役立つ。最大化によって主役は、セッションの最後に自分を自由に表現する満足を味わい、達成感を確かなものにする。また、最大化の過程ではたくさんの楽しみや笑いが伴う。

ロールトレーニングの普遍性

ロールトレーニング・セッションでは、ほとんどどのような人生の状況もドラマにすることができる。そしてあらゆる職業や地位や階層の人も、さまざまな文化圏の人も、この種のワークから恩恵を受けてきた。それなので、ロールトレーニングは普遍的に応用することができる。本書の目的は、ロールトレーニングの十分な理論と実践を提供し、皆さんが尽力している領域に応用できるようにすることであった。皆さんがこれに成功することを願い、そして皆さんからの報告を楽しみにしている。

本書で概要を述べたロールトレーニングの理論と実践は、個人および集団のスーパービジョンのセッションだけでなく、トレーニングのセミナーやワークショップで教えていることでもある。そのようなセミナーやスーパービジョン・セッションでは、理論と実践の統合をもたらすような体験的学習の方法が用いられる。グループメンバーはお互いにワークし合

い、自分たちの振る舞い方のどの側面を次に発達させたらいいかについて、その場で教えやコーチングやガイダンスが与えられる。教えと学びのこのアプローチは柔軟性と自信の発達につながる。テクニック志向のアプローチは勧められない。オーストラリア・ニュージーランドサイコドラマ協会の認定ロールトレーナーは、最低800時間の公認のトレーニングと実地試験と論文を修了している。それに満たないトレーニングを受けた人も、教育者やコンサルタントやカウンセラーとしてロールトレーニングの多くの部分を自分たちの仕事に組み込んでいる。

　私は、本書を読まれ勉強された皆さんの人生と仕事が確かなものとなり、そして高められることを信じてやまない。

索　引

■あ 行

愛する人　57, 102, 107, 109
相手から遠ざかるロール　105
相手に対抗するロール　105
相手に近づいていくロール　105
相反する価値の具象化　80
アウトワード・バウンドの学校　102
アクションスペース　20, 134, 136
アセスメント　3-4, 7-10, 12, 14, 28, 31-32, 45, 48-49, 55-57, 99-100
遊び心　26-27
新しい瞬間　25
新しい認識　146
あり方（being）　22
安全感　54-55
安全性　24
安全と安心の欲求　2
生きる力　57, 62
生きる力の流れ　62
一貫した参照枠　56
イニシエーター　18
いのちのとらえ方　65
いのちの本来の純粋さ　54
いのちの喜び　80
意味にもウォームアップ　49
意味ある他者のロール　135
インタビュー　10, 14, 16, 18-19, 81, 85-86, 89, 109, 135, 147
ウォームアップ　ix, 5-6, 23, 26, 40, 46, 48-50, 55, 64, 69, 78-80, 83, 89-90, 94, 99-100, 109-113, 118-119, 121, 125-127, 129-131, 134-135, 140, 147, 150-151
疑う人　15
生まれたての新鮮なドラマ　54
上向きの劇的な曲線　69
エリク・エリクソン　106
演出　10, 61, 134-135, 146
追いかけっこ　76-77, 85
起こっていることについていく　27
恐れ　2, 90, 101, 122-124
お腹の底から　59, 63, 65-66
各々の瞬間を新たに生きる　47

■か 行

開示　23
外的な中枢　58
欠けている（absent）　5, 7-8, 83, 100
型どおりの言葉　62
活性化　3, 62
葛藤している（conflicted）　5, 7-8, 100
かの眠れる巨人　55
カルチャー　2, 6, 8-10, 56, 108, 156
観客　32-33, 47-48, 60, 78, 137
観察　27, 44, 49-52, 54, 58, 60, 63, 65-66, 70, 76, 100-101, 114-115, 121, 150

索　引

感情からワークする能力　20
感情の要素　16, 20, 26-27
関心　6, 18, 21, 27, 54-55, 90, 94-95, 111
完璧主義　30, 34, 60, 64, 68-69
完璧主義の分析家　30, 34
気づきの拡大　42, 146
きびきびとした明確さ　63
きびきびとした役割交換　69
きびきびとはっきりした　18
希望に満ちた雰囲気　39
強化　10-11, 46, 53, 57, 60, 68-69, 108
協力的なパートナーシップ　28
空白　23, 47
空白のスクリーン　23
具象化　11, 80, 146-147
区別　20, 47
クラスター　103, 106, 108
グループのウォームアップ　6, 111
グループメソッド　137, 161
計画立て　14, 35, 38
経験　vi, 2-3, 7-8, 10, 21, 26, 28, 31-33, 40, 50-52, 68, 91, 96-97, 102-104, 111, 114, 124, 135, 145-150
経験と一致する　32
競馬　44
決定的な瞬間　47-48, 64
権威　113, 122-125
健康的なウォームアップ　55
健康的な人格　106
減少しつつある　105, 107
好奇心　20, 47, 55, 122
構造　ix, 1, 11, 18, 21, 49, 128
膠着状態になっている　105

肯定的な絆　51
肯定的な情緒的接触　51
行動の言葉　103
コーチング　10, 61, 63-65, 68-69, 125
固定観念　21
古典的サイコドラマ　42
凝り固まったパターン　35-36, 44

■さ 行

ザーカ・モレノ　vi
再演　10, 45-46, 53-55, 76, 117
再結合　95
最初の要素　39
最大化　11, 147, 151-152
再統合　11, 90
サブロール　106
J. L. モレノ博士　vi, 10, 52
視覚化　105, 134
じかに湧き起こって来たこと　86
時間を区切る　47
自己の分化　52
システム全体　8
実行しては取り消す過程　64
指導者としての主役　60, 66-68, 72-73
死に神　81, 89
自発性　vii, 20-21, 47, 50, 54-55, 69, 150
自発性はさらなる自発性を生む　69
自発性理論　21
自発的な役者　47
自発的に行動する人　57
自発的に人生を楽しむ人　116
自問　17, 25, 28-30

写真 58
終結 46, 72, 77-80, 152
集団意識 52
柔軟性 11, 25-26, 114, 151, 153
柔軟性と自信の発達 153
修復作業 53
十分に生きたいという欲求 2
主役の自己認識 50-51
瞬間瞬間に現れるいのち 116
肖像画 51
消防士 113
将来への方向づけ 96
思慮深い協力的な立案者 103
人生を愛する人 57
身体的表現にもウォームアップ 49
信頼ある結びつき 52
人類の個性化 52
スーパービジョン 55
全ての卵をひとつのカゴに入れる 117
すること（doing） 22
生産的な交流のシステム 21
誠実な関心 90
生命力 55
世界の地図 109
繊細なチューニング 68
選択 82, 85-86
相互作用 6, 58, 66, 68
相互作用のシステムの全体 6
創造性と心理的健康 109
創造的 3, 55, 95-96, 104, 107-109, 149
創造的な主宰者 107, 109
創造的な要素 3
創造的要素 55

双方向の関係 95, 134
相補的なロールシステム 101
ソーシャル・アトム 52-53
即座の表現 69
ソシオメトリー的な領域 95
ソシオメトリー 95, 130
ソシオドラマ 134
率直なアセスメント 48
素朴な質問 90
存在すること（being） 22

■た 行

対称的なロールシステム 101
対象物を設定 134
対処的な要素 104
対処的なロール 105
大胆さ 125
態度と価値 65
ダイナミックな力 2, 3
達成感 39, 55, 152
ダブリング 147-148
ダブル 148-149
短期的な目標 9
探求的に観察する人 49
探索段階 42
ダンス 74, 83, 153
断片化したロール 105, 107
小さな教授 55
小さな要素 39
知性 15, 26, 54, 64, 69
知性化 54, 69
知性化の過程 54, 69
中核的 103-105
中核的な要素 104

索　引

中核的なロール 105
躊躇 42, 46, 48-49
躊躇の瞬間 48
長期的な目標 9
彫刻 80-81, 147
直接な表現 64
直観 20, 54, 78
直感的なコーチング 64
直感的要素 63
直観的要素 54
直観で行動する 78
直感の存在 63
治療的段階 42
Directing Psychodrama 110, 145
適切（adequate） 5, 7
テレ 19, 95
統合 ix, 11, 14, 21, 24, 31, 70-71, 89-90, 100, 152
統合する力 24
特定の状況へのウォームアップ 134
独白 88, 147, 148
飛び込み台 125, 126
ドラマ化 13, 31, 42, 45, 78, 95, 135, 145, 147
ドラマをした 17-18, 25
トレーニー vii-viii

■な 行

内的な価値の中枢 151
内的な中枢 58
内面的な評価の中枢 32
何もない空間 20
生身の存在 23
ニュートラル 22

ネガティブ 22, 108
熱意ある前向きな主宰者 57

■は 行

破壊的な過程 64
歯切れよさ 108
励ます指導者 60, 66
パターン 21, 35-36, 44, 64, 104, 146, 149-150
発達しすぎている（over-developed） 5, 7, 100
発達しつつあるロール 105
幅広いロール 33
場面設定 10, 133-134, 146
反応的な断片化した要素 104
卑小化 26
非生産的な脚本 64
人のいい笑顔の援助者 103
否認 51
評価基準 129
評価的な道徳主義 52
不安のレベル 21
副次的 103
不的確な補助自我のワーク 50
フランク・バロン 109
振る舞い方の性質 103
紛争調停者 113
ポジティブ 22, 106, 112
保守的なロール 52
補助自我 33, 42-45, 49-51, 53, 62-63, 66-67, 69, 72-73, 75-77, 80-86, 94, 124, 134, 140-144, 147
ポット 64

本音 42

■ま行

前向きなロール 105-107, 109
前向きに動機づける要素 104
学びを促す雰囲気 123
マルコ・ポーロ 103
ミニ・ロールトレーニング 116
未発達（under-developed） 5, 7-8, 100
ミラー 10, 42-43, 45-58, 61, 63, 146, 149
名目だけの治療 64
目的 v, 1-3, 5, 14, 18, 22, 28, 43, 46, 49, 51, 56, 78, 80, 92, 95, 100, 102, 110-112, 116, 126, 134, 152
モデリング 10, 147, 149-150

■や行

役割交換（role reversal） 10, 15, 51, 60, 66-67, 69, 72-73, 76, 80, 82, 84-85, 140, 142-143, 146
役割分析 56
山場 64
やる気のある人 15
よく発達したロール 105

■ら行

リーダーシップ 23
理解力があり感性の鋭い指導者 60-61, 68
リラックス v, 18, 56, 91, 110
ルーシー・グーシー 91
連帯感 150
ロール 102
ロールクラスター 106
ロールセオリー ix, 3, 7, 23, 33-34, 99-101, 110, 129
ロールセオリーの言葉 129
ロールテスト 4, 11-12, 90, 149
ロールトレーナー vi, 6, 10, 18, 20, 33, 55-56, 64, 77-78, 100, 102, 106, 108, 110-112, 114, 123, 125, 130, 145, 153
ロールのアセスメント 4, 7-9, 99-100
ロールの葛藤 4, 35, 129
ロールの図表 105-106
ロールの創造者 102
ロールの描写 102, 106
ロールの分析 8, 106-108
ロールの分類システム 104
ロールプレイ 27, 138-143
ロールへのインタビュー 10, 147

■わ行

わきぜりふ 10, 144, 147

訳者あとがき

　本書は Dr. Max Clayton の『*Enhancing Life & Relationships: A Role Training Manual*』の全訳である。これは彼の4冊のトレーニングブック・シリーズの2冊目であり、他に Book1 の『*Directing Psychodrama*』、Book3 の『*Living Pictures of the Self*』、Book4 の『*Effective Group Leadership*』がある。この Book2 の他のシリーズはまだ翻訳されていない。本書には Dr. Max Clayton の思想と理論的な枠組みや志向の骨子が「ロールトレーニング」として最も端的にまとめられている。

　マックス・クレイトンと初めて会ったのは、1987年の終わり頃だった。夫の転勤に伴い家族4人でメルボルンに住み始めてから、1年以上必死で探し続けていたサイコドラマを学べる場所に私はたどり着いた。当時、彼はメルボルンでサイコドラマのトレーニングセンターを開設していたが、日本を出る前に、初めてサイコドラマの手ほどきを受けた増野肇先生からマックス・クレイトンというサイコドラマの大家がオーストラリアのどこかに住んでいると聞いていたので、マックスがメルボルンに住んでいたということには運命的なものさえ感じた。メルボルンでサイコドラマの関係者がみんなで集うオープン・ナイトに参加し、トレーニンググループに入りたいとマックスのところに初対面の自己紹介の挨拶をしに行った時、マックスはテーブルの前の椅子に足を組んでリラックスして座った姿勢を変えずに、こちこちに緊張している私とまるで昔からの知り合いのように笑顔で気楽に話をしてくれた。日本のカルチャーを背負って話していた私に、彼は肩すかし的なくだけた態度でとてもにこやかに応対してくれた。目の前にいる人を瞬間的にしっかり捉えて丁寧に対応する彼の接し方の背景にあるものが、その後の彼との交流や、ワークショップや、彼が書いた本などから、何年にも渡って徐々に解き明かされていくことになるのだが、彼と接した多くの人が、彼から「大事にして

もらった」という強い印象を受けているようだ。

　私はメルボルンで結局1年間に初級と上級のふたつのトレーニンググループに入れてもらった。初級はサイコドラマの基本を学ぶコースで、アントニー・ウィリアムズが担当し、マックスとパートナーのクリスのグループはある程度経験を積んできた人が対象だったが、オーストラリアにその先長くはいられない私が強く望むのなら、そしてグループの中で"生き残れる"のなら加わってもよいということになった。両方の週1回3時間のトレーニンググループで毎回起きる刺激と興奮とスリルに満ちた数々の体験の面白さに私は徐々にはまっていった。そして、「赤十字ではないぞ」（傷の手当てだけをしようとするな、という意味）や「ミラーにその人全部を映しなさい」というようなマックスの言葉が、私の心を強く打った。そしてトレーニングをそのまま途中ではとてもやめられない気持ちになった。オーストラリアにはサイコドラマに関わる人々の気軽な明るい歓迎ムードに満ちたトレーニングの土壌があり、グループでたった1人の日本人だからといって差別されるようなことはまったく起きず、言葉の限界があっても、安心できる自由な雰囲気のなかで楽しく興奮しながら精いっぱい学ぶことができたのである。特に、人種、性別、国籍を超えたマックスのトレーニングの厳しさと面白さと説得力に唸ってしまったから、1988年末に帰国後も、オーストラリアに毎年足を運ぶようになったのだが、私がいよいよオーストラリアを去る時、悲しそうな顔をしている私を見てマックスが、「今度は私が日本に行くから大丈夫だよ」と冗談のように慰めてくれたことが現実のことになった。1990年代後半からマックスは日本の東京サイコドラマ協会に招かれて、数年間、毎年ワークショップをするようになったのである。

　オーストラリアから帰国後の1990年代初めに、私はマックスが書き上げていた4冊のトレーニングブックシリーズをオーストラリアで手に入れていたが、この「ロールトレーニング・マニュアル」はそのシリーズの2冊目で、マックスのワークの真髄が最

訳者あとがき

もよくまとめられていると思う本である。サイコドラマを病院などの臨床でなく、地域のコミュニティで実践したかった私にとって、マックスのロールトレーニングはとても役に立ちそうなメソッドに思えたから、翻訳するなら真っ先にこの本から取りかかりたいと思っていた。しかし、最初にマックスの本を独りでこつこつと読み始めたものの、内容を理解するのにかなりの苦戦を強いられた。特に、日本で教えられているサイコドラマの展開方法とかなり違っているように思えたが、違いを説明できる論理を何も持たず、しばらくはただ暗中模索で本の内容に突き進んでいくしかなかった。マックスが日本に来てワークショップを始めた初期のころは、彼のグループの進め方はまるで「禅問答」のようで、「今ここ」への焦点化に慣れていない私たちにとって、心の準備もないまま今この瞬間に焦点化されることは、まるで度肝を抜かれるような困惑を伴う体験で、初めのうちは何が起きているのかよくわからないまま場面が過ぎてしまうという感想を抱くこともあった。彼の本もまた、理論と実践を統合するように書かれ、グループのなかで起きている重要な部分を逐語で描写し、その後に理論的な説明や解説を加えるという方法で書かれているので、翻訳するとき、セッションのなかの実践部分と解説部分がぴったりと結びつき符合するような適切な日本語の表現をよく選んで、マックスのグループを経験したことのない人がグループのなかで繰り広げられている登場人物たちのやり取りを理解し実感できるような臨場感を与えられる翻訳が果たしてできるだろうか、という課題に挑戦させられた。彼の実践と理論を結びつけるためには、実際、マックスのワークショップを何年にも渡って実践しながら、頭と心と体で学び続ける必要があったのである。マックスがグループで「今ここ」に焦点を当ててワークを展開することが、そのトレーニングの難しさの根源にあることがだんだんわかってきたことで、謎が解けてきた。彼は今ここでのいのちの真実をいきいきと描くことを主眼としていた。今ここで目の前にいる人が演じている特徴的な側面をアセスメントし、その側面をその場でひとつの

ロールとして展開し発展させていく方法に慣れていくうち、それはみんなにとって観察可能な最も臨場感あふれる展開方法であることを感じ取れるようになった。ディレクティングの方法を身に着けるためには長期間の訓練が必要で、マックスのファンが多く集まっている私自身の主宰するグループがマックスから学んだことを実践的に訓練する場になっていったことはとても自然な成り行きだった。そうした理由から、小さな本にたくさんの時間を費やしたが、共同翻訳者の松本氏と対話しながら、共有したマックスのセッションを思い出し振り返って本の中身と照合し、そこで深いいのちの哲学を学びつつ感動しながら翻訳できたことはこの上なく貴重な時間だった。

　オーストラリアでのマックスのワークショップに出て最初からマックスに惚れ込んだ松本氏が、2000年初めから2012年まで、長年に渡って毎年マックスのワークショップを企画し、素人の私を初めから通訳者に推薦してくれたことが、いわば私のサイコドラマ人生の転機になっている。マックスはその後十数年に渡って、日本の数か所で毎年ワークショップを続けることになり、日本にマックスファンがだんだん増え、マックスのワークショップを媒介にして仲間ができ、私たちはマックスと共に年々成長し、学びは年ごとに深まっていった。そのなかで、何としてもマックスの本は日本語に翻訳される必要があると切に感じるようになった。松本氏は『*The Living Spirit Of the Psychodramatic Method*』というマックスの一番分厚い本を『いのちのサイコドラマ』（群馬病院出版会）として独りで翻訳し、2013年3月末に出版された。その本は日本のマックスファン待望の、初めて日本語に訳されたマックスの著書であり、そこにまた『ロールトレーニング・マニュアル』が加わることはこの上ない喜びである。

　マックスはこの本の出版を待たずに2013年3月28日に癌で急な死を遂げた。しかし死の前日に彼の手元に『いのちのサイコドラマ』が届いて大喜びをし、次の日に彼は逝った。ニュージーランドのケリケリの小さな湖の畔の自宅でマックスは祝福に満ちた

訳者あとがき

神々しい笑顔をして、生前に乗りたがっていたボートの形をした棺の中で深い眠りについていた。マックスは最後までドラマの完璧な最終章を演出し、私たちは湖で灯篭流しをして悔いのない別れができた。マックスの肉体は滅びたが、彼の Living Spirit は私たちの中でずっと生き続けるだろう。

　私がこの本を翻訳することに意欲を燃やし続けられたのは、静かな力強い情熱で長年マックスのワークショップを企画し続けてくれた松本氏と共にマックスの偉業を分かち合えたからであり、また、私が主宰するトレーニンググループ「コミュドラ」の仲間たちとの楽しい意欲的なワークと、彼らからの期待と応援があったからこそである。また、二瓶社を紹介してくださった高田弘子様と、二瓶社の宇佐美嘉崇様に心から感謝を述べたい。メルボルン時代以来、変わらぬ声援を送り続けてくれている強力な影のサポーターである夫にも改めて感謝したい。サイコドラマを愛する日本の全ての人々にこの本を捧げたい。

　2013 年 6 月

　　　　　　　　　　　　　　　　　　　　　　　　中込ひろみ

マックス・クレイトンのロールトレーニング・マニュアルの邦訳が出版できることをまずは喜びたい。そしてロールトレーニングが皆様の臨床に少しでも役立つことを願う。その思いをここに述べてみたい。

　ロールトレーニングは、日本では「サイコドラマ」よりさらになじみの薄いものかもしれない。ロールトレーニングは、サイコドラマの創始者であるモレノのやり方を学んで、そこからマックスが独自に開発したものである。サイコドラマは即興劇の形式を用いたグループメソッドであるが、ロールトレーニングは、そのサイコドラマのエッセンスが凝縮され、しかも短時間で深い気づきや体験をもたらす優れた方法である。他のブリーフ・セラピーにもひけをとらないと思う。もっと早く日本に紹介されていてもよかった、と思う。

　10年以上、私は原著者のマックスを日本に呼び、ワークショップをしてもらってきた。通訳はマックスと親交のあった今回の共訳者の中込さんにお願いした。思えばこのときからマックスの世界を「翻訳」する仕事が始まっていたのだと思う。ワークショップでは、このロールトレーニングを、やはりマックスは好んだ。それは基本的には8段階のプロトコルからなるものだが、マックスは、グループ内でのやり取りそのものの中にウォームアップを見、ソシオメトリーを読み、ロールをアセスメントしていて（最初はマックスは何をしているのかわからなかったが）、気がついたら第6段階の再演が始まっていたりする。

　ある夫婦の夫のダブルを私がしているとき、私は主役である夫の姿勢や話す内容を一生懸命ダブルしようとしていたら、マックスは「（私の）手が妻の肩にかかってない」と主役の手の位置を私が見落としているのを指摘し、私は忸怩たる思いをしたことがあった。逆にマックスのアセスメントの鋭敏さを思った。そのような鋭敏さに裏付けられているからこそセッションは短時間ですむ。参加者の多くは、感動し、その後マックスのグループのリピーターになりながら変化・成長していくが、自らマックスの技

訳者あとがき

はできない、と嘆く。本原書も、エッセンスが凝縮されて無駄のない内容であるが、それだけに最初は理解しがたいものであった。マックスとの経験を積むと、その経験から原書の内容が少しずつ分かり、翻訳する中で理論と実践が一致してき、原書が意味のある日本語になってきた。共訳者の中込さんとは、訳すたびに、「そういうことだったのか！！」とAha体験をすることが度々であった。訳しながらウォームアップし前向きになっていくのであった。訳しながら2人ともprogressive（前向き）になっていくのであった。だから、訳者自ら言うのもはばかれることではあるが、入魂の訳になっていると思う。

　残念ながら、マックスは本書の出版を前にこの世を去られたが、いつもの嬉しそうな表情で私たちの作業を見守ってくれていると思う。

　今回、本書の出版の道を拓いてくれた高田弘子さんには心から感謝を述べたい。また、出版の日を心待ちにしているサイコドラマの仲間たちの励ましにも感謝したい。そして快く出版を引き受けてくれた二瓶社の宇佐美嘉崇様には深く感謝したい。ありがとうございました。

　2013年6月

松本　功

著　者

■マックス・クレイトン博士
Dr. Max.Clayton（1935-2013）

　オーストラリア生まれ。30年以上にわたってサイコドラマの実践と理論に多大な貢献をしてきた。ニューヨークのビーコンにあるモレノ研究所でディレクターとしてのトレーニングを完了して後、最初にオーストラリア、続いてニュージーランドで、サイコドラマの方法のトレーニングの先駆者となった。1970年代には数カ所のトレーニング研究所を創設し、1980年代にはオーストラリア・ニュージーランド・サイコドラマ協会(ANZPA)を創立した。

　本書の他に、"*Directing Psychodrama*"、"*Living Pictrures of the Self : Applications of Role Theory in Professional Practice and Daily Living*"、"*Effective Group Leadership*"、Philip Carterとの共著 "*The Living Spirit of the Psychodramatic Method*"（邦訳『いのちのサイコドラマ』松本功訳、群馬病院出版会）の4冊のサイコドラマに関する著作がある。またサイコドラマやグループワークの多くの出版に貢献してきた。

　幾多の国際的学会で基調講演を行い、オーストラリア、ニュージーランド、アメリカ合衆国、日本、ハンガリー、ギリシャ、オランダその他でトレーニングワークショップを行ってきた。

　彼のトレーニングワークショップを経験した何千もの人々のために、マックスはサイコドラマの生きた精神を体現してきた。彼のサイコドラマの方法への愛とサイコドラマ・コミュニティへの献身によって、人々から深い尊敬と感謝を得てきた。

　2013年3月28日、ニュージーランドのケリケリの、湖に囲まれた自宅で、妻のクリスをはじめ、家族、マックスの薫陶を受けた多くのサイコドラマティストたちに見守られながら、78歳の生涯の幕を降ろした。亡くなる前日に辞世の言葉を残し、邦訳書『いのちのサイコドラマ』が手元に届いたのを見届け、人々に別れを告げ、告別式の演出を整えて逝った。最期まで演出家であった。

訳　者

■**中込ひろみ**（なかごみ ひろみ）

昭和45年上智大学外国語学部英語学科卒業。昭和63年から1年間 Australian College of Psychodrama にて Max Clayton 他のサイコドラマのトレーニングを受ける。平成15年日本社会事業学校精神保健福祉士通信教育課程卒業。精神保健福祉士。東京サイコドラマ協会認定サイコドラマティスト。東京サイコドラマ協会理事。日本心理劇学会会員。AANZPA(Australian and Aotearoa New Zealand Psychodrama Association) 準会員。共著書：『現代のエスプリ・サイコドラマの現在』高良聖編、至文堂、平成17年。現在、HYMサイコドラマワークショップ主宰。准看護学校講師。家庭裁判所調停委員。

■**松本　功**（まつもと いさお）

昭和57年信州大学医学部卒業。精神科専門医。東京サイコドラマ協会認定サイコドラマティスト。プレイバックシアター日本校第2期生。平成23年バベル翻訳大学院（映像・文芸専攻）卒業。翻訳修士。AANZPA(Australian and Aotearoa New Zealand Psychodrama Association) 準会員。共著書：「精神看護学Ⅰ精神保健学」吉松他編集、廣川出版、平成9年。訳書：マックス・クレイトン／フィリップ・カーター『いのちのサイコドラマ』群馬病院出版会／弘文堂、平成25年。現在、特定医療法人群馬会「赤城高原ホスピタル」勤務。

ロールトレーニング・マニュアル
――のびやかに生きる――

2013年11月10日　第1版　第1刷

著　者　マックス・クレイトン
訳　者　中込ひろみ
　　　　松本　功
発行者　宇佐美嘉崇
発行所　㈲二瓶社

　　　　〒125-0054
　　　　東京都葛飾区高砂5-38-8 岩井ビル3F
　　　　TEL 03-5648-5377
　　　　FAX 03-5648-5376
　　　　郵便振替 00990-6-110314

印刷製本　株式会社シナノ

万一、落丁乱丁のある場合は小社までご連絡下さい。
送料小社負担にてお取替え致します。
定価はカバーに表示してあります。

©hiromi nakagomi, isao matsumoto 2013
Printed in Japan
ISBN 978-4-86108-063-0　C3011